O QUE O JOVEM quer da vida?

Dados Internacionais de Catalogação na Publicação (CIP)
(Câmara Brasileira do Livro, SP, Brasil)

Damon, William
  O que o jovem quer da vida? – como pais e professores podem orientar e motivar os adolescentes / William Damon; tradução Jacqueline Valpassos. São Paulo: Summus, 2009.

  Título original: The path to purpose – helping our children find their calling in life

  Bibliografia
  ISBN 978-85-323-0535-0

  1. Auto-realização (Psicologia) 2. Conduta de vida 3. Criação de filhos – Aspectos morais e éticos 4. Experiências de vida 5. Meta (Psicologia) 6. Motivação (Psicologia) I. Título.

09-04498   CDD-649.7

Índice para catálogo sistemático:
1. Adolescentes: Motivação: Vida familiar 649.7

Compre em lugar de fotocopiar.
Cada real que você dá por um livro recompensa seus autores
e os convida a produzir mais sobre o tema;
incentiva seus editores a encomendar, traduzir e publicar
outras obras sobre o assunto;
e paga aos livreiros por estocar e levar até você livros
para a sua informação e o seu entretenimento.
Cada real que você dá pela fotocópia não autorizada de um livro
financia o crime
e ajuda a matar a produção intelectual de seu país.

William Damon

O QUE O JOVEM quer DA vida?

Como pais
e professores
podem orientar
e motivar os
adolescentes

summus
editorial

Do original em língua inglesa
THE PATH TO PURPOSE
helping our children find their calling in life
Copyright © 2008 by William Damon

Publicado mediante acordo com a editora original,
Free Press, divisão da Simon & Schuster, Inc. Todos os direitos reservados.
Direitos para o Brasil adquiridos por Summus Editorial

Editora executiva: **Soraia Bini Cury**
Editoras assistentes: **Andressa Bezerra e Bibiana Leme**
Tradução: **Jacqueline Valpassos**
Revisão técnica: **Ulisses F. Araújo**
Capa: **Alberto Mateus**
Projeto gráfico e diagramação: **Crayon Editorial**

Summus Editorial
Departamento editorial
Rua Itapicuru, 613 – 7º andar
05006-000 – São Paulo – SP
Fone: (11) 3872-3322
http://www.summus.com.br
e-mail: summus@summus.com.br

Atendimento ao consumidor
Summus Editorial
Fone: (11) 3865-9890

Vendas por atacado
Fone: (11) 3873-8638
e-mail: vendas@summus.com.br

Impresso no Brasil

*Em memória
de Helen M. Damon*

Agradecimentos

MINHAS PRIMEIRAS PALAVRAS de agradecimento vão para Arthur Schwartz, que desde o início encorajou os meus estudos sobre projetos vitais na juventude e tem sido um verdadeiro parceiro em dar forma às ideias centrais do projeto. Somando-se aos conselhos de Arthur, a John Templeton Foundation tem apoiado o projeto de todas as maneiras possíveis, disponibilizando não apenas um generoso auxílio material, mas também uma bem-vinda fonte de inspiração. Agradeço Sir John Templeton, John M. Templeton Jr. e Charles L. Harper Jr. pelos muitos insights que me proporcionaram ao longo dos anos. Outra magnífica organização que tem contribuído para esse trabalho com inestimável apoio é a Thrive Foundation for Youth, e eu dedico o meu mais caloroso agradecimento a Bob e Dottie King e a Cynthia King-Guffey por tudo que a fundação fez e continua a fazer para viabilizar tanto essa como outra pesquisa que conduzi sobre o desenvolvimento juvenil. Também agradeço a Pam King por suas diversas e excelentes contribuições aos esforços dessa pesquisa e a toda família King por sua amizade.

Ao longo dos últimos nove anos, tive a oportunidade de discutir meu progresso neste projeto com um grupo extraordinariamente talentoso de estudiosos do desenvolvimento reunido ao menos duas vezes por ano *pela* Thrive Foundation for Youth. Entre os estudiosos no Forum on Thriving estão Peter Benson, Peter Scales, Linda Wagener, Jim Furrow, Pam King, Richard Lerner e Duncan Campbell. Agradeço a todos eles por seu *feedback* e por suas muitas contribuições intelectuais para minha compreensão dos projetos vitais na juventude.

Em Stanford, Kendall Cotton Bronk e Jenni Menon ajudaram a realizar a fase inicial da pesquisa, os resultados em que a maioria das discussões neste livro são baseados. Kendall, que atuou como diretora do projeto durante os primeiros dois anos, também ajudou a estruturar a presente fase do estudo, que envolve uma coleta de dados mais completa. Quando Kendall deixou Stanford em 2007, para lecionar na Ball State University, Seana Moran a substituiu como diretora do projeto. Agradeço tanto a Kendall quanto a Seana por todo seu talento e dedicação: esse projeto foi muito beneficiado pelo excelente trabalho das duas. Tenho a sorte, também, de contar com diversos assistentes de pesquisa absolutamente notáveis, entre os quais Jennifer Menon Mariano (que conduziu as análises do estudo ao qual recorri neste livro), Matt Andrews, Matt Burdick, David Yeager, Norma Arce, Amina Jones, Peter Osborn, Tanya Rose, Jim Siriani, Brian Edgar, Tim Reilly, Heather Malin, Sarah Miles, e Mollie Galloway. Na parte administrativa de Stanford, Kathy Davis, Taru Fisher, Lisa Staton e Elissa Hirsh prestaram hábil assistência em muitas ocasiões, e agradeço imensamente seu valioso auxílio.

Gostaria de fazer uma menção especial a Karen Rathman por tudo que fez pelo Youth Purpose Project [pesquisa sobre Projetos Vitais na Juventude]. Karen encabeçou nossos esforços de fazer contato com escolas do ensino médio e de encorajar os professores a introduzir noções de projetos vitais nas salas de aula, o que ela fez com energia, imaginação e bom senso. Karen tem sido parte insubstituível de nossa equipe de projeto nos últimos quatro anos, fazendo grandes contribuições em todos os aspectos do estudo. Finalmente, quero expressar minha gratidão à minha agente, Susan Arellano, e à minha editora, Emily Loose, que me ajudaram imensamente no processo de organizar meus pensamentos e conclusões no presente livro, e manifestar meu eterno reconhecimento a Anne Colby, por todas as suas incomensuráveis contribuições para esta obra.

Sumário

Apresentação à edição brasileira | **11**
Ulisses F. Araújo

Prefácio | **17**

1 • Jovens vidas sem rumo | **23**

2 • Por que ter um projeto vital é fundamental
para progredir | **46**

3 • Quem está progredindo e quem ainda
está sem rumo? | **70**

4 • Perfis de projetos vitais | **97**

5 • Ultrapassando a cultura do imediatismo | **123**

6 • O papel dos pais no projeto vital | **142**

7 • Uma cultura de projetos vitais para todos os jovens | **173**

Apêndice: questionário da pesquisa sobre
projetos vitais na juventude | **195**

Apresentação à edição brasileira

ULISSES F. ARAÚJO[*]

EM 27 DE JULHO DE 2008, o jornal *Folha de S.Paulo* publicou o caderno especial "Jovem século 21", que procurou traçar o perfil dos brasileiros de 16 a 25 anos. Nesse número, Iago Bolívar, colaborador do jornal, conta brevemente a história de três jovens irmãos:

> os gêmeos Cleuton e Cleiton Souza, de 19 anos, lutam para ser diferentes dos colegas que viram cair na droga e no crime. Estudantes do segundo ano do ensino médio, eles vinham buscando emprego há meses. Depois de rodarem São Paulo e se acostumarem a enfrentar filas, sua busca chegou ao fim: foram chamados para trabalhar em uma obra em frente à casa em que moram... no mesmo dia, o irmão mais velho, Elton, de 21 anos, foi chamado para trabalhar em uma metalúrgica... cada um deles ganhará R$ 754 mensais, que planejam poupar. Eles querem terminar o ensino médio e, após algum tempo de trabalho, fazer outros cursos.

Essa história relata o perfil de uma parcela dos jovens brasileiros e sua luta para dar sentido à vida conciliando estudo e trabalho, mas, acima de tudo, demonstrando que estão construindo um projeto de vida calcado na realidade do mundo em que vivem. Eles parecem estar cientes de que, para atingir a felicidade pessoal e profissional

---

[*] Professor livre-docente da Escola de Artes, Ciências e Humanidades (EACH) da Universidade de São Paulo.

futura, necessitam preparar-se por meio dos estudos e iniciar-se em uma profissão.

Diferentes de muitos jovens brasileiros que parecem não ter essa consciência sobre o futuro e um projeto que lhes aponte caminhos e direção – e muitas vezes se enredam no mundo das drogas, da apatia e do crime –, os irmãos Cleuton, Cleiton e Elton refletem o perfil de jovens batalhadores que ultrapassam as características de sonhadores ou de desengajados, vistas muitas vezes como *normais* na juventude. Eles têm os requisitos que a sociedade geralmente considera essenciais para a vida adulta.

Aliás, cabe destacar, de acordo com a Organização das Nações Unidas (ONU), jovens são as pessoas entre 15 e 24 anos de idade e, do ponto de vista sociológico, encontram-se numa fase de preparação para a vida adulta. Estão (idealmente), como no caso dos irmãos Souza, preparando-se para escolher uma carreira, aprendendo uma profissão ou já dando os primeiros passos de ingresso no mercado de trabalho. O que diferencia ou aproxima esses jovens de tantos outros é uma das questões que poderá ser compreendida neste livro.

O título da obra – *O que o jovem quer da vida?* – prenuncia a discussão que William Damon quer promover com os próprios jovens, seus pais, professores e todos aqueles envolvidos, de alguma maneira, com a formulação de políticas públicas e trabalhos sociais com as juventudes (sim, no plural, pois não se pode falar de um único tipo de juventude nas multifacetadas sociedades contemporâneas).

Professor da Universidade de Stanford e diretor do Stanford Center on Adolescence, nos Estados Unidos, Damon é um dos mais renomados psicólogos do desenvolvimento humano, com vasta experiência em pesquisas sobre a moralidade. Nos últimos anos, tem estudado a importância da construção de projetos vitais no desenvolvimento dos jovens e na sociedade, e este livro é o resultado de suas primeiras reflexões sobre o tema.

Jovens desengajados ou sem projetos vitais, sonhadores, superficiais e com projetos vitais (nobres ou antissociais) são as categorias que o autor desenvolverá no transcorrer do livro, resultantes de suas pesquisas sobre a juventude americana. Além disso, discute o papel que família, escola, mentores e outros membros de instituições sociais podem ter na construção e no apoio aos projetos vitais nobres (morais) dos jovens.

Essa discussão ajuda a compreender os valores da juventude contemporânea na perspectiva da chamada "psicologia positiva", que estuda as fortalezas e virtudes humanas, e não apenas as debilidades e patologias. Ou seja, o foco é promover, de forma pró-positiva, a construção de projetos vitais nobres por parte dos jovens, ajudando-os a desenvolver um sentido de bem-estar duradouro por toda a vida, além de encorajá-los a realizar suas mais altas aspirações pessoais e profissionais.

Qual o conceito de projeto vital? O termo em inglês usado por Damon é "purpose". De acordo com o *Michaelis – Moderno dicionário inglês*, *purpose* pode ser traduzido como "propósito: a) desígnio, intento, intenção; b) sentido, objetivo, finalidade". Dessa tradução, a melhor definição para um trabalho sobre a moralidade humana é "sentido, objetivo, finalidade".

Em português, talvez o significado mais próximo de *purpose* seja "projeto", no sentido da discussão promovida por Nilson Machado[*]. Baseado em Ortega y Gasset, para quem "[...] nossa vida é algo que é lançado no âmbito da existência, é um projétil, só que este projétil é que tem, por sua vez, que escolher o alvo... o fator mais importante da condição humana é o projeto de vida que inspira e dirige todos os nossos atos", Machado afirma que "a ideia de projeto parece caracterizar a vida humana, uma vez que a consciência pressupõe uma ação projetada, que estar vivo é pretender algo, é estar-se permanentemente lançando em busca de alguma meta prefigurada em uma configuração moral".

---

[*] MACHADO, N. "A vida, o jogo e o projeto". In: MACHADO, N.; MACEDO, L.; ARANTES, V. *Jogo e projeto: pontos e contrapontos*. São Paulo: Summus, 2006.

Independentemente das variações linguísticas e culturais, depreende-se que os significados de *purpose* e de *projeto* se aproximam: ambos designam uma das condições para dar sentido ético à vida das pessoas e à sociedade.

Mas não apenas isso, pois é necessário qualificar esse projeto, de modo que ele se torne o centro dos interesses de uma pessoa e seja constituinte de sua identidade. Daí a razão de chamar de "projeto vital" o que Damon define como *purpose*. De acordo com o *Dicionário Houaiss da língua portuguesa*, o verbete "vital" significa, entre outras coisas, aquilo "que desempenha função essencial num organismo". Para o *Michaelis – Moderno dicionário da língua portuguesa*, vital é aquilo que é "essencial, fundamental, constitucional".

Assim, projetos, objetivos, finalidades dão sentido à vida das pessoas, organizam pensamentos e ações e estão relacionados com sistemas de valores. Se de forma intencional e dialética os projetos vitais e as finalidades de vida das pessoas atendem a um duplo objetivo – o de buscar simultaneamente a felicidade individual e coletiva –, baseiam-se em princípios de ética. Podemos, então, estar diante de valores morais – ou do que William Damon denomina "projetos vitais nobres".

Isso nos conduz a uma segunda acepção de projeto vital. Como o próprio autor esclarecerá nas páginas 53 e 54 deste livro, esse tipo de objetivo de vida não é algo simples e comum, como divertir-se por uma noite, passar numa prova ou comprar um par de sapatos. O projeto vital pressupõe um desejo de fazer diferença no mundo, de realizar algo de sua autoria que possa contribuir para a sociedade. Por isso, a definição adotada pelo autor é a de que "projeto vital é uma intenção estável e generalizada de alcançar algo que é ao mesmo tempo significativo para o *eu* e gera consequências no mundo além do *eu*". Assim, um projeto vital é a razão por trás das metas e dos motivos imediatos que comandam o comportamento diário. Se o projeto vital tem características de alcance social, beneficiando o próprio sujeito e aqueles à sua volta, pode ser considerado nobre. Se visar metas destrutivas, contra o interesse de alguns ou da sociedade, pode ser considerado antissocial.

Embora pesquisas sobre valores e projetos da juventude sejam bastante frequentes atualmente, e busquem identificá-los em crianças, jovens e adultos na sociedade contemporânea, a maioria delas volta-se para "fotografias estanques", momentâneas. Elas não têm essa característica do projeto vital, de vínculo com perspectivas de futuro que buscam extrapolar o *eu* para beneficiar o mundo e a sociedade. Daí a importância e a inovação trazidas pelas pesquisas de William Damon.

Vale a pena conhecer as ideias, as críticas, as propostas e os conselhos do autor. A publicação deste livro contribuirá, com certeza, para compreendermos melhor a juventude brasileira, a vida dos irmãos Souza e de tantos outros jovens com trajetórias semelhantes. Além disso, vai orientar pais, escolas e os próprios jovens na canalização de esforços que os levem à construção de projetos vitais nobres, com benefícios para cada um deles e para a sociedade como um todo. Espero, também, que provoque o desenvolvimento de novas pesquisas sobre o tema na realidade brasileira.

Prefácio

EM MINHA CARREIRA como psicólogo-pesquisador, sempre escolhi temas de estudo que me pareceram interessantes e relevantes (de outro modo, não teriam merecido minha atenção); contudo, nunca me senti *compelido* a explorar um assunto em especial. A ideia de estudar projetos vitais seduziu-me de forma diferente. Não me pareceu apenas mais um tema de pesquisa, e sim o coroamento do trabalho que venho realizando há mais de trinta anos acerca de compromisso moral, educação do caráter e desenvolvimento humano. E não é só isso: em uma época em que a sensação de vazio generalizada assoma como um dos maiores perigos psicológicos contemporâneos, o estudo sobre motivação e projetos vitais pareceu-me crucial num sentido social.

Em meu trabalho anterior, deparei muitas vezes com essa noção, só que de forma vaga e indireta, como se observada através de um telescópio com lentes mal reguladas. Nenhum de meus estudos anteriores era propriamente sobre projetos vitais; mesmo assim, hoje percebo que muito daquilo que estive tentando compreender por tantos anos, na verdade, gira em torno do tema. Um estudo que conduzi (com Anne Colby) sobre compromisso moral chegou à conclusão de que pessoas que perseguem objetivos nobres são cheias de alegria, apesar dos constantes sacrifícios que enfrentam para realizá-los.[1] Em uma série subsequente de estudos (com Howard Gardner e Mihaly Csikszentmihalyi) sobre homens e mulheres que fizeram um "bom trabalho" de valor social na carreira, impressionou-me a vivacidade com que essas pessoas respondiam às nossas questões sobre o que elas estavam tentando realizar e por quê.[2] Havia um projeto vital sublime que não lhes saía da cabeça, guiava seus esforços diários e era a preocupação central, essencial para o sucesso pessoal de cada um – dava-lhes energia; dava-lhes satisfação quando alcançavam seus objetivos; e dava-lhes persistência quando encontravam obstáculos. Mais tarde, quando fui convidado a ajudar a criar oficinas educativas para promover o bom trabalho entre jornalistas, meus colegas e eu descobrimos que a pergunta de abertura mais conveniente para nossas oficinas era: "Que objetivo você tenta atingir com seu trabalho?"[3]

Esse trabalho me levou a investigar como os jovens encontram seu projeto vital. Os adolescentes os têm? Em caso afirmativo, como os adquirem? Que projetos, além daqueles relacionadas à carreira, inspiram os jovens de hoje? O que acontece quando os jovens são incapazes de encontrar uma causa para se devotar? Este livro é um balanço dos primeiros insights que meus alunos e eu fomos adquirindo em nossa pesquisa inicial nesses questionamentos.[4]

Este é o terceiro livro que escrevo sobre o desenvolvimento de jovens para um público leigo – um por década, ao que parece, desde 1988: *The moral child* [A criança moral], em 1988; *Greater expectations: overcoming the culture of indulgence in our homes and schools* [Grandes expectativas: superando a cultura da indulgência em casa e na escola], em 1995; e *O que o jovem quer da vida?*, agora. Olhando para trás, posso ver que cada livro foi, em certo grau, produto de seu tempo. Durante a década de 1980, eu estava preocupado com a ética do relativismo moral que agitava as correntes intelectuais da cultura americana e começava a se espalhar pelas escolas e pela mídia. Em *The moral child*, defendi a universalidade dos valores morais básicos e a importância da transparência na educação moral dos jovens. Um considerável número de pessoas leu o livro, mas isso certamente não teve muito impacto em nossas práticas culturais. Com efeito, na década de 1990 a política educacional infantil estava completamente dominada por abordagens que encaravam com desconfiança os padrões morais – aliás, quaisquer padrões –, como se fossem vestígios de um tradicionalismo insensível. A autoestima havia se tornado o Santo Graal da educação infantil, e os pais foram aconselhados a evitar "traumatizar" seus filhos (supostamente) frágeis ao exercer sua autoridade com demasiado vigor ou ao exigir deles um esforço na busca de excelência e na aceitação de desafios, e ao controlar seu comportamento segundo as restrições éticas. Em resposta a isso, escrevi *Greater expectations*. Dessa vez, creio, as pessoas prestaram atenção (não apenas em mim – outros críticos sociais com a mesma opinião externaram preocupações semelhantes). No final da década, expressões como "padrões elevados" e "formação do caráter" entraram para o repertório de educadores influentes e administradores públicos ao falarem de suas políticas para o jovem. Muita coisa começou a melhorar: a criminalidade juvenil, até certo ponto, diminuiu; o trabalho voluntário entre os jovens aumentou consideravelmente; e a maioria dos "experts" deixou de considerar a autoestima como objetivo maior do desenvolvimento humano. Esses, creio eu, são excelentes progressos, um aumento na capacidade de proporcionar bem-estar e perspectivas de futuro aos nossos jovens. E muitos jovens hoje estão se desenvolvendo em todos os sentidos da palavra.

Contudo, os dias de hoje também têm seus riscos, e eles são graves. O problema mais disseminado do momento é a sensação de vazio que deixa muitos jovens à deriva por longo tempo, em uma época da vida em que deveriam definir suas aspirações e fazer progressos rumo à sua realização. Atualmente, para muitos jovens, a apatia e a ansiedade tornaram-se o estado de espírito predominante, e o desinteresse e até mesmo o cinismo têm substituído o seu natural otimismo.

Esse não é um problema que possa ser tratado com soluções consagradas no passado. Na verdade, os padrões elevados defendidos por mim e por outros não são resposta suficiente a essa questão em particular. A mensagem de que os jovens fazem melhor quando são desafiados a se esforçar, a conquistar, a servir – mensagem que ainda mantenho com convicção – é falha quando se trata da mais essencial das questões: *para quê?* Para os jovens, essa inquietação significa começar a formular e a responder questões como: o que espero conseguir com todo meu empenho, com todo esforço que se espera de mim? Qual é o objetivo maior que dá significado a esse esforço? O que importa para mim; e por que deveria importar? Qual é minha preocupação máxima na vida?

A menos que façamos de tais questões o elemento central de nossas conversas com os jovens, pouco poderemos fazer senão nos recostar e observar enquanto eles vagueiam num mar de confusão, de falta de rumo, insegurança e ansiedade – sentimentos que muitas vezes afloram quando trabalho e empenho não são acompanhados por um projeto vital.

A juventude é uma época de idealismo, e quando são aconselhados a buscar realização e entusiasmo na vida os jovens levam isso a sério. Mas, esses conselhos, dados apenas à margem de sua experiência diária (como na época de sua formatura ou em outras ocasiões solenes), tendem a ser abundantes em generalizações e escassos em detalhes proveitosos. No mundo real da competição, dos requisitos de emprego e das responsabilidades sociais, "de que jeito – pensa o jovem – posso encontrar algo que seja tão gratificante quanto significativo? Como posso ir atrás dos meus sonhos e evitar 'me vender' sem diminuir minhas chances de sustentar a mim mesmo e à família que gostaria de ter? Como posso ganhar a vida como um membro valorizado da sociedade e fazer diferença no mundo?" Essas são questões que, cedo ou tarde, todo jovem deve confrontar a fim de fazer suas escolhas mais cruciais.

Será que ele encontra as respostas para tais questões na escola ou faculdade? Quem dera poder dizer que sim. A maioria das escolas de ensino médio é boa na formação de habilidades básicas e tem se aperfeiçoado nessa tarefa nos últimos anos. As faculdades são boas para apresentar aos jovens um mundo fantástico de ideias e culturas diferentes. Tudo isso enriquece a vida pessoal e intelectual dos estudantes de forma incomensurável.

Mas, quando se trata de guiá-los em direção a caminhos futuros que eles julgarão gratificantes e significativos, nossas escolas deixam a desejar. Os estudantes apreendem uma miscelânea de conhecimentos que acreditam ser de pouca utilidade prática; e, de tempos em tempos, alguém em uma reunião escolar os exorta a sair e fazer coisas importantes para o mundo. Mas no que diz respeito a estabelecer uma conexão entre os dois – ou seja, mostrar aos estudantes por que e como uma fórmula matemática ou uma lição de história pode ser importante para algum projeto vital que eles talvez queiram perseguir –, as escolas geralmente deixam muito a desejar.

Se você visitar uma típica sala de aula e prestar atenção no que os professores impõem aos estudantes, verá "quilos" de tarefas escolares, instruções para as provas e um monte de exercícios. Se quiser saber do professor *por que* os estudantes têm de cumprir essas tarefas, ouvirá uma quantidade de objetivos estreitos e instrumentais, como "ir bem em sala de aula", "ter boas notas" e "evitar a reprovação", ou, talvez – se os estudantes tiverem sorte –, "o valor de aprender uma habilidade específica para seu próprio bem". Mas raramente (ou nunca) você ouvirá o professor debater com os alunos projetos vitais mais amplos do que quaisquer desses objetivos. Por que as pessoas leem ou escrevem poesia? Por que os cientistas isolam os genes? Por que, de fato, batalhei para me tornar um professor? Por incrível que pareça, em todos esses anos como estudioso do desenvolvimento e da educação de jovens, nunca vi um caso sequer de um professor que compartilhasse com os alunos as razões pelas quais ele ou ela escolheu a profissão de educador. Aliás, também não costumo ouvir esse tipo de conversa sobre o significado mais profundo de nossos esforços, nem nas famílias nem em qualquer programa da mídia direcionado ao jovem. Como podemos esperar que ele encontre um significado no que está fazendo, se tão raramente atraímos sua atenção para o projeto vital e o significado pessoal do trabalho que executamos em nosso dia a dia?

Meus estudos – e este livro – têm um objetivo: mostrar a importância primordial dos projetos vitais no desenvolvimento do jovem a todos aqueles que se interessam por ele, sejam pais, educadores, cientistas, profissionais da área do desenvolvimento juvenil ou cidadãos da sociedade que um dia o jovem de hoje vai herdar. Entre todos esses leitores, a noção de projeto vital já é, de certa forma, familiar. Houve alguns estudos anteriores na psicologia sobre o projeto vital na juventude (embora não tantos quanto era de esperar), e o sucesso de vendas de 2003 de Rick Warren *The purpose-driven life* [*Uma vida com propósitos*. São Paulo: Vida, 2003] atraiu enorme atenção do público para o conceito, de um ponto de vista devotamente religioso. O novo campo da psicologia positiva também tem lançado uma luz muito bem-vinda sobre os benefícios do projeto vital.[5] Ainda assim, em nossos esforços para trabalhar construtivamente com o jovem, tais ferramentas são mal aproveitadas. Apesar de todo o discurso sobre o tema nos veículos de comunicação de massa e em outros cenários populares, ele permanece um conceito marginalizado nas ciências humanas, na maioria das famílias e em praticamente todas as nossas escolas – em outras palavras, simplesmente em todos os lugares que tentam compreender o jovem para promover seu desenvolvimento saudável. Minha esperança é de que este livro ajude a mudar isso.

O autor

NOTAS

1 COLBY, Anne; DAMON, William. *Some do care: contemporary lives of moral commitment*. Nova York: Free Press, 1992.

2 Meus colaboradores no "The Good Work Project" são Howard Gardner e Mihaly Csikszentmihalyi. Veja GARDNER, H; CSIKSZENTMIHALYI, M; DAMON, W. *Good work: when excellence and ethics meet*. Nova York: Basic Books, 2001 (em português: *Trabalho qualificado – Quando a excelência e a ética se encontram*. São Paulo: Bookman, 2004) e também goodworkproject.org.

3 O projeto "currículo itinerante" foi realizado em colaboração com The Project for Excellence in Journalism e The Comittee for Concerned Journalists (journalism.org).

4 Nossos estudos sobre projeto vital na juventude estão longe de se concluir: estamos no meio de um extenso programa de coleta e análise de dados que, esperamos, vão ampliar e refinar a primeira rodada de conclusões discutidas neste livro.

5 PETERSON, Christopher; SELIGMAN, Martin. *Character strengths and virtues: a handbook and classification*. Nova York: Oxford University Press, 2004.

1 Jovens vidas sem rumo

AS PERSPECTIVAS DE VIDA de um jovem no mundo de hoje estão longe de ser exatas. Há apenas poucas décadas, quase todo jovem já sabia, ao final da adolescência, onde ia viver, qual seria sua ocupação e com quem ia se casar. Hoje, a maior parte dos jovens não tem resposta para essas questões nem ao chegar à vida adulta. A economia global fez crescer as possibilidades e as pressões para que os jovens se mudem para longe das comunidades em que cresceram. Até mesmo os mais instruídos passarão anos em empregos temporários, sem se estabelecer em um ramo permanente de trabalho – e, na verdade, a própria noção de ramo permanente de trabalho tem sido questionada, já que muitas carreiras estão envolvidas em uma sucessão de empregos de curto prazo e sem conexão entre si. Quanto à formação de sua família, por todo o mundo os jovens adultos estão adiando ou rejeitando o casamento. Se essa tendência continuar, uma parcela cada vez maior da população jamais se casará, ou esperará até que a idade fértil quase tenha se acabado.[1]

Alguns dos jovens de hoje saúdam essas mudanças e as novas oportunidades que elas oferecem. Eles têm aspirações claras para seu futuro. São fortemente motivados, cheios de energia, otimistas e criaram planos realistas para atingir suas ambições. Confiantes em si próprios, eles se divertem explorando o mundo e testando os limites de seu potencial. Longe de precisar de qualquer proteção ou estímulo, praticamente nada os detém. Em resumo, eles encontraram um *projeto vital* que os inspira e lhes dá direção.

Ao mesmo tempo, muitos de seus pares estão atrapalhados. Diante das sérias escolhas que terão de fazer ao chegarem à idade adulta, sentem-se sem rumo; seu desenvolvimento pessoal e social parece estar atravancado. Grande parcela dos jovens de hoje hesita em se comprometer com quaisquer papéis que definem a vida adulta, como o de pais, trabalhadores, cônjuges ou cidadãos.

O adiamento de compromisso entre os jovens atualmente acontece em todo o mundo industrializado, dos Estados Unidos e do Japão à Europa. Na Itália, para citar um caso extremo, tem-se constatado que a *maioria* dos jovens na faixa dos 30 anos ainda vive em casa com os pais e não está nem casada nem plenamente empregada. Nos Estados Unidos, um estudo sobre o jovem no final de sua adolescência e início da faixa dos 20 anos concluiu: "Casamento, lar e filhos são vistos pela maioria deles não como realizações a serem perseguidas, mas como perigos a serem evitados".[2]

O governo britânico foi o primeiro a reconhecer oficialmente o crescente fenômeno de jovens adultos desocupados quando, em um relatório nacional divulgado há alguns anos, cunhou o termo "Jovens NEETs" (*Not in Education, Employment or Training**)[3]. Recentemente, o governo japonês noticiou, muito alarmado, que quase um milhão de jovens japoneses tornaram-se NEETs – sendo que esse é um povo conhecido por sua forte ética intergeracional no trabalho. Nenhum desses relatórios citou qualquer crise econômica como fonte do problema. A economia na Europa, na Ásia, nos Estados Unidos e em outras partes do mundo industrializado tem crescido suficientemente rápido para oferecer oportunidades de emprego abundantes aos jovens**. Mas muitos estão estagnados. Talvez estejam amedrontados pelas incertezas que enfrentam ou receosos dos riscos das escolhas que devem fazer. Ou talvez considerem as perspectivas disponíveis

---

* Não estudante, não empregado, não estagiário. [N. T.]
** Vale destacar que este livro foi escrito em 2007, antes da atual crise econômica mundial. [N. R. T.]

· O QUE O JOVEM QUER DA VIDA? ·

desinteressantes e destituídas de significado. As razões por trás de tal hesitação muitas vezes parecem enigmáticas aos pais e educadores, muitos dos quais começam a se preocupar com esses jovens ainda não terem descoberto que tipo de engajamento e compromisso tornam a vida satisfatória.

Muitos pais também têm expressado a preocupação – ironicamente, a princípio, mas cada vez menos, com o passar do tempo – de que seus rebentos possam se tornar "bumerangues", retornando ao ninho muito tempo depois de terem supostamente alçado voo com as próprias asas. Defino tal situação com a seguinte pergunta: "Como fazer para que minha querida filha se mude do nosso quarto de hóspedes?" Claro que nem todos os pais se queixam de que os filhos demorem um pouco mais para cuidar da própria vida, e esse é um lado positivo da história: indica uma proximidade que faltou a muitas famílias nas décadas anteriores. Nos dias de hoje, filhos crescidos sentem-se confortáveis morando com a família; eles realmente parecem apreciar o convívio com os pais e se comunicam com eles muito mais abertamente do que fez a geração *boomer** quando ela própria era jovem.

Esse assunto foi ligeiramente esclarecido por um artigo na revista *Fortune*, de maio de 2007, sobre os "filhos dos baby boomers", deliciosamente escrito por Nadira Hira, que identifica a si própria como um deles.[4] Exaltando (com razão) o talento, a energia e a criatividade que marcam seus jovens colegas de geração, a autora afirma que "todo esse questionamento" que seus pares estão fazendo "nos levará a importantes conclusões". Nesse meio tempo, o prolongado período de questionamento e de autodescoberta tem retardado essa transição para o trabalho permanente e um teto próprio muito além do que fez qualquer uma das gerações anteriores. Hira cita um levantamento

---

* Termo usado para descrever uma pessoa nascida durante o chamado "baby boom", período de prosperidade após a Segunda Guerra Mundial, que resultou num aumento das taxas de natalidade em países como Estados Unidos, Canadá, Austrália e Nova Zelândia. [N. T.]

feito de 2000 a 2006 entre universitários americanos que mostra que quase dois terços dos graduados voltaram para a casa dos pais depois de formados; mais da metade deles permaneceu lá por mais de um ano. Ela cita a fala de um rapaz de 28 anos (que escreveu um livro sobre o assunto[5]): "Se não gostamos de um emprego, abandonamos, porque o pior que pode acontecer é voltarmos a morar com os pais. Não há estigma [...], nada daria mais prazer a nossas mães do que preparar nosso prato preferido". Outra jovem adulta, de 24 anos, concorda: "Creio que os pais precisam se sentir necessários, e é por isso que, sendo eu muito independente, eles ficam tão animados quando peço um favor".

Ora, o amor dos pais pelos filhos é uma das maiores bênçãos do mundo; e é verdade, felizmente, que a maioria dos pais fará com prazer qualquer coisa para ajudar seus filhos a progredir. Além disso, é sem dúvida uma boa coisa que a maioria dos filhos confie que os pais suprirão suas necessidades. Mas não estou convencido de que a maioria dos pais espera gastar seus anos de aposentadoria suprindo as necessidades básicas dos filhos, nem acredito que isso seria verdadeiramente do interesse dos próprios filhos. A estes interessa encontrar modos de fazer suas próprias contribuições à família e, eventualmente, ao mundo.

O problema não é o papel dos pais na vida dos filhos, mas sim a própria realização pessoal deles. Durante a adolescência, certa dose de autoanálise e experimentação é saudável. Trata-se de um período de desenvolvimento transitório, uma espécie de "baldeação" na estrada rumo a uma autoidentidade madura.[6] Diz-se que esse período de formação da vida começa com o choque da puberdade e termina com o sólido compromisso com os papéis sociais adultos, como aqueles citados anteriormente: pais, cônjuges, trabalhadores e cidadãos.[7] Durante essa época-chave de transição para a idade adulta, é bom que os jovens gastem certo tempo examinando a si próprios, pensando no futuro e procurando as oportunidades que correspondem a seus interesses e ambições. Para muitos jovens, um período prolongado de exploração e reflexão durante a adolescência pode ser necessário para estabelecer uma autoidentidade satisfatória e um rumo positivo na vida. É isso que o renomado psicólogo Erik Erikson certa vez descreveu como "moratória" da realidade. E essa tarefa de "formação de identidade" pode, sim, em alguns casos, levar anos de escolhas postergadas a fim de resolvê-la com sucesso.[8]

Mesmo assim, os adiamentos de muitos jovens, atualmente, têm adquirido uma série de características incômodas – a principal delas é que muitos adolescentes não parecem estar progredindo para qualquer resolução. Seu atraso é caracterizado mais pela indecisão do que pela reflexão motivada, mais pela confusão do que pela busca de objetivos claros, mais pela ambivalência do que pela determinação. A ausência de rumo não é uma moratória construtiva tanto no sentido pessoal quanto social. Sem um senso de direção, oportunidades são perdidas, podendo dar lugar à dúvida e ao retraimento. Adquirem-se costumes estranhos e deixam-se de lado os hábitos positivos. Não que haja um momento exato para tomar uma direção na vida, mas o atraso excessivo desse momento cria o sério risco de que o jovem desista por completo da incumbência de procurar uma direção positiva, manter tal direção e adquirir as habilidades necessárias para atingir suas metas.

Os jovens de hoje estão bem conscientes de que, em algum momento, precisarão fazer a transição da adolescência para a idade adulta; mas, para muitos deles, essa consciência – que pode ser fonte de aguda antecipação para aqueles que olham o futuro com esperança – desperta uma sensação de vaga apreensão ou, ainda pior, uma ansiedade debilitante que pode levar à paralisia. De fato, a desobrigação prolongada dos papéis sociais adultos é uma receita para a ansiedade e a depressão. Permanecer descomprometido com carreira, família e com outras responsabilidades comunitárias sérias é uma posição insustentável, que se torna cada vez mais desconfortável com o tempo. Não pode continuar indefinidamente sem danos psicológicos.

Não quero sugerir que a maioria dos jovens de hoje tenha "sérios problemas" ou corra qualquer tipo de perigo imediato. Na verdade, os maiores indicadores do bem-estar do jovem parecem um tanto melhores hoje – ou, pelo menos, não estão piores do que eram há dez ou quinze anos. Hoje, nos Estados Unidos, as jovens estão menos propensas a engravidar na adolescência do que há dez anos; a juventude também está menos inclinada à violência c ao crime, relativamente menos vulnerável à sedução das drogas e menos propensa aos principais distúrbios alimentares (com exceção da obesidade, que ainda apresenta taxas altas tanto entre os mais jovens quanto entre os adultos). A maioria dos estudantes permanece na escola por mais anos e vai às aulas com mais regularidade. A julgar por resultados recentes de avaliações, estão se esforçando mais e aprendendo um pouco mais. Muitos jovens preenchem o dia com atividades saudáveis, de esportes e artes a caminhadas e acampamentos. Embora os "problemas da juventude" que renderam tantas manchetes nos Estados Unidos há uma década certamente não estejam todos resolvidos, os jovens deixaram de ir na direção errada, e em muitas áreas tem havido progresso gradual e marcante. De fato, muitos jovens hoje estão progredindo, conforme observei no início.

Entretanto, outros apenas aparentam estar indo bem, e decididamente muitos parecem empacados, desorientados e necessitados de uma noção do que querem fazer da vida. Embora estejam longe de encrencas e façam o que pedimos a eles, na verdade, estão à deriva, sem rumo definido. Parece que estão no caminho certo, mas talvez estejam a apenas um passo de sair – ou saltar fora – do caminho no qual aparentavam estar. Muitos deles estão cientes de que lhes falta algo, apesar de muitas vezes só conseguirem articular essa consciência indiretamente, por intermédio de manifestações de ansiedade ("Estou tão estressado!"), cinismo ("Eu deveria me preocupar?") ou apatia ("Tanto faz!"). Poucas pessoas que convivem com eles sabem o que os incomoda, exceto em casos extremos nos quais um fracasso que gera alguma grande crise revela inevitavelmente a desmotivação.

Na maior parte das vezes o que falta à maioria dos jovens é o tipo de dedicação séria a uma atividade ou o interesse que vem de um projeto vital sincero, que pode dar significado e direcionamento à vida.

UM ESTUDO SOBRE OS PROJETOS VITAIS DO JOVEM

Mas até que ponto o problema é grave? Há quase uma década comecei uma investigação sobre o que acontece quando um jovem encontra (ou não) um projeto vital. Em minhas primeiras observações sobre adolescentes e jovens adultos que traçam seus rumos nos dias de hoje, suspeitei que muitas diferenças entre aqueles que estavam progredindo e aqueles que andavam em círculos podiam ser explicadas pela descoberta ou não de um projeto vital – fosse na carreira, na ideia de formar uma família ou de fazer diferença no mundo. Também suspeitei que o descontentamento ou a ansiedade que tantos jovens sentiam tinha conexão com a falta de projetos vitais. Como explicarei adiante, vários trabalhos na área da psicologia revelaram forte ligação entre perseguir um projeto e obter satisfação na vida.

Em minha investigação sobre o papel dos projetos vitais na juventude, minha equipe de pesquisadores e eu conduzimos uma série de estudos que incluíram avaliações e entrevistas detalhadas com adolescentes e jovens adultos em várias partes dos Estados Unidos. Também fizemos estudos de casos de alguns jovens que demonstraram comprometimento extraordinário com algum projeto vital, muitos dos quais o descobriram ainda cedo. Nos capítulos 3 e 4 deste livro, relato os pontos marcantes do primeiro desses estudos.[9] Por ora, apenas observarei que nossas descobertas iniciais revelaram uma sociedade na qual os jovens com projetos vitais são exceção à regra.

Nas entrevistas e avaliações, apenas um de cinco jovens na faixa etária dos 12 aos 22 anos manifestou clara visão sobre aonde queria ir, o que gostaria de realizar na vida e por quê. A maior parcela dos jovens que entrevistamos – quase 60% – estava empenhada em atividades potencialmente motivadoras, ou havia desenvolvido aspirações vagas, mas não tinha qualquer compromisso real com essas atividades ou plano realista para perseguir suas aspirações. A parcela remanescente da população jovem de hoje – quase um quarto dos que entrevistamos – não manifestou *quaisquer* aspirações. Alguns afirmaram não haver motivos para tal.

Tommy, um jovem de 18 anos da Pensilvânia, foi um dos que não manifestaram qualquer projeto vital quando o entrevistamos.[10] Na época, ele ainda não havia completado o primeiro ano de faculdade e não tinha sido motivado pelo que estudara até então. Também não havia encontrado boas razões para abandonar a faculdade. Sabia que, fora dela, não havia alternativas melhores, e achava o trabalho escolar bastante fácil. Na verdade, Tommy disse que se dava por satisfeito em simplesmente deixar as coisas "rolarem". Com postura complacente, transmitiu a convicção de que as coisas com certeza dariam certo, de um jeito ou de outro, estivesse ou não mobilizado para fazer algo a respeito; e, já que não tinha nenhum objetivo especial em mente, era indiferente quanto à forma que seu futuro assumiria.

A indiferença de Tommy aplicava-se tanto às suas decisões rotineiras, como às suas reflexões gerais. Ao comentar as escolhas de seu currículo acadêmico, afirmou: "Não sei o que vou fazer no próximo semestre. Eles fazem você escolher algumas disciplinas. Apenas digo 'Que se dane...' e tiro cara ou coroa ou algo assim". Tommy estava bastante confortável com o fato de não ter aspirações: "Não tenho objetivos para o futuro. Qual é o problema? Seria legal viajar. Gostaria de fazer isso, principalmente se conseguisse alguém para pagar a viagem".

Tommy é só mais um entre tantos jovens que não manifestam necessidade de ter objetivos ou ambições. Alguns desses indiferentes, como o próprio Tommy, mostram poucos sinais de se incomodar com sua falta de direcionamento. Outro garoto que entrevistamos, um jovem de 17 anos de Nova Jersey, defendeu sua falta de propósito da seguinte maneira: "A apatia parece estar funcionando bem comigo... Se você não se importa, as coisas não incomodam você. Até agora, ser preguiçoso e deixar como está para ver como é que fica tem dado certo".

Pelo menos até agora esses jovens não têm queixas sobre seu estado emocional e muitas vezes declaram que se sentem felizes. Mas a falta de um projeto vital poderia ser o caminho para a felicidade, como eles parecem supor? Certamente a falta desse projeto pode ser compatível com hedonismo, e muitos jovens sem compromisso relatam que estão se divertindo. Mas, conforme a descoberta de psicólogos que recentemente estudaram a felicidade, os momentos de prazer hedonista que as pessoas sem compromisso vivenciam duram pouco e são basicamente vazios, especialmente se comparados ao tipo de satisfação mais duradoura e gratificante que o psicólogo Martin Seligman chamou de "felicidade autêntica".[11] E muitos jovens descompromissados estão longe de estar felizes, mesmo em um sentido hedonista.

Para muitos deles, a falta de direcionamento é muito mais preocupante. Eles relatam ansiedade e a sensação de se sentir presos em uma vida que está fora de seu controle. Por dentro, sentem-se decepcionados consigo mesmos e desencorajados pelo que a vida lhes tem oferecido. Desesperam-se no vazio e na falta de sentido de suas atividades diárias.

Ben, de 12 anos, já estava "preocupado com que ia ser quando crescer" quando o entrevistamos. Ele disse que gasta a maior parte do tempo com a lição de casa, mas tem pouco prazer nisso. Quase sempre, diz ele, "quero ir lá fora, relaxar e ficar de bobeira". O principal motivo de Ben estudar com tanto afinco é a pressão de sua mãe, que "pensa que eu devo apenas estudar... ela quer que eu seja o melhor aluno entre todos os que conhece". Na visão da mãe, o futuro de Ben está em aprender habilidades técnicas que o qualifiquem para um bom emprego. Ben, por outro lado, adora música e pensa em se tornar cantor ou dançarino. Para tal aspiração, Ben não recebe o apoio da família: "Minha mãe quer que eu faça minhas escolhas, mas quer que estas sejam matemática e ciências". Em consequência disso, Ben sente-se desmotivado em relação às suas atividades do dia a dia, as quais encara como se estivessem sendo jogadas sobre ele por forças externas. Ele as cumpre obedientemente, mas com tristeza: "Gosto de atuar, cantar... Gosto de verdade dessas coisas, mas minha mãe diz que eu não devo... Estou preso em uma gaiola".

Ben está sendo frustrado por sua incapacidade de definir um caminho que possa chamar de seu. Sabe que o futuro que seus pais imaginam para ele não lhe fará sentido, e essa compreensão faz que se sinta preso e ansioso. Talvez ele consiga apoio para buscar seus interesses enquanto ainda está na escola. Para outros jovens, a compreensão de que os caminhos em que estão não lhes darão um projeto vital pode demorar mais. Muitas vezes, aqueles que não encontraram tal projeto surpreendem-se quando, em seus primeiros anos como adultos, são apanhados de surpresa por uma sensação de vazio e de infelicidade ao avaliar o rumo que sua vida tomou.

Jessica, hoje com 27 anos, é uma jovem que fez tudo certo na escola e nos primeiros empregos.[12] Ela frequentou colégio e faculdade particulares de prestígio, ganhou uma bolsa de estudos para um programa de pós-graduação e recebeu várias ofertas de empresas que queriam recrutá-la. Era uma espécie de estrela na época dos estudos, tanto do ponto de vista esportivo como acadêmico. Mesmo assim, Jessica nunca se considerou uma intelectual ou uma atleta dedicada. Na verdade, exceto quando viajava por prazer e saía com os amigos, não considerava nenhuma atividade de sua vida prazerosa. Embora ela tenha se saído bem na maioria das disciplinas, nenhuma delas conseguiu despertar seu interesse a ponto de fazê-la querer ler mais sobre o assunto em seu tempo livre. Ela se exercita regularmente porque quer ter boa aparência, mas perdeu o interesse nos esportes que praticava; e, com exceção do cinema, raramente se preocupa em frequentar eventos culturais.

Jessica diz que não pode escapar do sentimento de que "tudo que fiz a vida toda foi para outras pessoas – meus pais, professores, treinadores, todos, exceto eu mesma. E nunca quero desapontá-los". E pior, apesar de seu talento evidente, ela se sente uma fraude. "Venho fingindo minha vida toda", exclamou certa vez. Ela duvida se realmente sabe o bastante para sair-se bem em um emprego complexo; e sabe ainda menos se manterá o interesse nas ocupações que imaginou para si. Em decorrência disso, tem surtos de pânico quando pensa sobre seu futuro. Atualmente, não se sente capaz de aceitar nenhuma das ofertas de emprego que recebeu. Em vez disso, decidiu tirar um tempo para viajar, até saber definitivamente onde quer chegar na vida. É uma decisão razoável, mas acompanhada por dolorosa insegurança e ansiedade.

Jessica está entre aqueles que não têm projetos vitais. Ela pode não ter sido afetada profundamente, mas também não está prestes a encontrar um rumo que a empolgue. Do mesmo modo que tantos como ela, Jessica permanece desconfortável em um estado prolongado de ansiedade e confusão que não dá sinais de ter um fim. "Nunca decidi que é isso, de fato, que quero fazer; meio que aconteceu", diz ela. "Acho que é por isso que quero dar o fora o tempo todo – nunca senti por inteiro que estou onde desejo ou deveria estar".

Jessica está decepcionada porque suas realizações do passado, aclamadas por seus pais e professores, não a ajudaram a identificar um objetivo ou um plano de ação. Sua situação é incerta. Ela pode "encontrar-se" durante sua moratória autoimposta; ou pode se deixar levar de um cenário transitório a outro por toda a juventude sem encontrar um significado permanente em tudo que faz.

Outros jovens estão em situação ainda pior. Não têm o currículo de Jessica, seus talentos comprovados, nem o valioso apoio da família e dos amigos com que Jessica pode contar enquanto lida com sua frustração. Estudos demonstraram que muitos desses jovens vêm sofrendo uma série de sintomas psicológicos, sintomas de estresse que vão além das esporádicas sensações de pânico de Jessica: perturbação do sono, distúrbios alimentares, raiva incontrolável, isolamento social, disfunção sexual, abuso de drogas e muitas outras tendências autodestrutivas.

Anthony Seldon, professor da Wellington College no Reino Unido, comentou em uma recente coluna de jornal:

> A depressão e a hiperansiedade entre os jovens nas escolas e universidades [...] virou epidemia. No ano passado, um psiquiatra verificou que, em apenas uma das salas de uma escola de Londres academicamente "bem-sucedida", observara cinco crianças angustiadas. É de admirar que ao chegar à universidade tantos tenham dificuldade de se ajustar? Recentes pesquisas norte-americanas mostram que 45% dos que ainda não se graduaram manifestam sérios sinais de depressão. Isso é loucura.[13]

Em um livro recente sobre "a geração de crianças desmotivadas e infelizes" de hoje, a psicóloga clínica Madeline Levine descreve o padrão de vazio interior que observou nos adolescentes problemáticos que trata no exercício de sua profissão. Muitos desses jovens demonstram um comportamento seriamente autodestrutivo – por exemplo, uma garota de 15 anos que, de fato, talhou a palavra "vazio" em seu antebraço esquerdo. "Tatuagens" desse tipo foram levadas ao conhecimento dos pais por meio de um bocado de cobertura da mídia, mas, felizmente, isso ainda é um fenômeno relativamente raro. De particular interesse para nós aqui são as observações de Levine sobre crianças menos problemáticas que vão ao seu consultório com preocupações mais típicas de adolescentes. "Muitos desses adolescentes", escreve ela, "têm uma capacidade incrível de construir uma boa fachada". Ainda assim, queixam-se da sensação de ansiedade e de vazio: "Com certeza, são infelizes". Demonstram pouco entusiasmo por qualquer um de seus objetivos e têm problemas em encontrar prazer nas atividades diárias. Algumas das expressões que usam para descrever seu sofrimento são: "falta concentração", "infeliz sem razão alguma" e, a mais reveladora, "está faltando alguma coisa por dentro".[14]

Mesmo entre os mais bem-sucedidos desse grupo de adolescentes, observadores constataram uma estranha ausência de comprometimento com as atividades que os conduziram ao sucesso precoce. Em uma recente crônica do *The New York Times*, a autora de livros sobre educação Laura Pappano escreveu sobre um grupo de estudantes de nível superior que chama de "os incríveis"; eles alcançaram tantas realizações durante o ensino médio que ficaram desapontados com a faculdade, devido à falta de desafios que sustentassem seus interesses.[15] Um estudante do Instituto de Tecnologia de Massachusetts (MIT) reage a isso gastando seu tempo com polo aquático, *frisbee*, surfe e tevê.

Segundo Pappano, as expectativas em relação aos estudantes chegaram a um tal patamar que os mais brilhantes podem estar conquistando muita coisa cedo demais para que conservem seus interesses em longo prazo – e, além disso, esses estudantes acabam representando um problema para um sistema educacional que não mantém a pressão sobre eles tão logo entrem na universidade. Ela cita um gestor universitário que comenta: "Estamos pressionando as crianças a fazer tantas coisas para entrar na faculdade, e o que fazemos quando elas entram?"

Mas meu argumento é diferente: esses estudantes brilhantes não perderiam a motivação na faculdade *se soubessem melhor o que querem realizar e por quê*. Se encontrassem projetos vitais mais importantes do que notas e prêmios durante os primeiros anos de esforço extenuante e grandes realizações, continuariam no mesmo pique ao entrar na faculdade. Estariam ávidos por adquirir mais conhecimento e habilidades que os ajudassem a realizar seus objetivos.

Os efeitos psicológicos adversos dessa ausência de propósitos durante os anos de faculdade são motivo de preocupação. A angústia de jovens aparentemente bem-sucedidos, mas sem rumo, pode degringolar em um comportamento autodestrutivo quando menos se espera. Nas escolas e nas universidades americanas, legiões de estudantes com alta performance tentam o suicídio a cada ano.[16] Muitos até chegam a termo. Um relatório do Center for Disease Control and Prevention [Centro de Controle e Prevenção de Doenças dos Estados Unidos] sobre suicídio entre adolescentes e jovens adultos mostra um aumento de 8% no último ano que se tem registro (2004), o maior crescimento em mais de quinze anos.[17] Por entre os corredores do ensino superior, tem havido uma crescente preocupação com os riscos de suicídio entre estudantes nos últimos anos. Quase invariavelmente, os coordenadores de curso atribuem o problema ao estresse causado pela grande quantidade de trabalhos acadêmicos e pela competição. Solidarizo-me totalmente com a preocupação com os estudantes infelizes, mas não estou convencido de que "estresse" seja a explicação. Trabalho pesado e competição nunca quebrantaram o espírito dos jovens, desde que acreditassem no que estão fazendo.

Em um estudo que acompanhou sete mil adolescentes norte-americanos da oitava série até o ensino médio, Barbara Schneider e David Stevenson chegaram a uma surpreendente conclusão: ao contrário do senso comum (ou da mídia!) de que os jovens de hoje são hedonistas e só querem "curtir", a maioria deles tem ambições que gostaria de realizar. Ainda assim, poucos têm chances reais de fazê-lo. "A maioria dos estudantes do ensino médio" – escrevem os autores – "tem grandes ambições, mas nenhum projeto vital claro para alcançá-las". Eles são, "motivados, mas sem rumo". Em consequência disso, tornam-se cada vez mais frustrados, deprimidos e alienados. Parece haver alguma angústia oculta por trás da infelicidade dos jovens que Schneider e Stevenson descrevem. Além disso, a natureza oculta dessa infelicidade é parte do próprio problema; segundo os autores, muitos pais parecem não ter consciência da questão, e, conforme detalharei adiante, "muitos pais não acham que é sua responsabilidade ajudar ativamente os filhos adolescentes a fazer planos para o futuro".[18]

Um documentário de 2005 da PBS [Public Broadcasting Service], *Declinig by degrees*, mostra a desilusão e o ócio difundido hoje entre os estudantes das universidades.[19] O documentário exibe estudantes dormindo durante as aulas, gazeteando, indo a festas várias noites na semana e, em muitos casos, levando os quatro anos de "estudo" da faculdade na base do álcool. O filme tinha a intenção de ser uma crítica pungente à educação superior, mas a radiografia que faz do comportamento dos estudantes é tão reveladora quanto a do nosso sistema universitário. Os estudantes retratados são inteligentes e simpáticos, muitas vezes com resultados acadêmicos razoavelmente bons (mesmo aqueles que raramente abrem um livro parecem conseguir notas para passar de ano ou mais que isso). De longe, considerando as terríveis condições em que se encontram as pessoas por todo o mundo, pode ser difícil enxergar do que esses jovens privilegiados sentem falta. Mas, com certeza, está faltando algo. No passado, alguns educadores chamaram esse elemento perdido de "motivação", e eu concordo que motivação está, de fato, faltando. Mas eu diria também que o cerne do problema é a falta de uma *fonte* de motivação, uma falta de projetos vitais – o que, a longo prazo, pode destruir as bases de uma vida feliz e plena.

DESCOMPROMETIDOS, MAS PRESTES A ENCARAR O MUNDO

É claro que cada geração teve jovens que resistiram às convenções da vida adulta. Em um previdente livro chamado *The uncommitted: alienated youth in American society* [Os descomprometidos: a juventude alienada da sociedade americana] (1965), Kenneth Keniston escreveu sobre um grupo de universitários que, apesar de seu status privilegiado (todos eram estudantes de Harvard), perderam totalmente o interesse pela sociedade. Esses "estudantes alienados" eram cínicos em relação a todos os valores, papéis sociais e instituições vigentes com as quais deparavam no mundo à sua volta. Embora instruídos e altamente articulados, não tinham maiores crenças nem planos de vida. Sua alienação, escreve Keniston, era de caráter ideológico: esses estudantes escolheram, consciente e intelectualmente, permanecer sem compromissos.

Embora *The uncommitted* tenha despertado grande interesse quando surgiu, os jovens retratados no livro, segundo escreveu Keniston, "não eram exemplos típicos da juventude norte-americana".[20] Nada mais representavam do que uma ínfima parcela da população. Mesmo entre seus sofisticados companheiros de classe, distinguiam-se como exagerados em seu ceticismo intelectualizado sobre a sociedade.[21] Poucos colegas partilhavam de seu mal-estar. Embora esses jovens "descompromissados" tivessem lá seu fascínio (talvez porque parecessem arautos das coisas que ainda estavam por vir), sua importância para o grosso da sociedade norte-americana da época nunca ficou clara.

A falta de compromisso entre os jovens de hoje é bem diferente do tipo descrito por Keniston. Nada tem das ácidas conotações ideológicas expressas pelos jovens alienados da América de meados do século. O descompromisso de hoje não tem sentido pessoal, social ou político; não tem foco nem objetivo. De maneira involuntária, isso o torna uma forma mais pura de descompromisso, um descompromisso até mesmo com o descompromisso. Não é nem *direcionado a* algo nem uma reação *contra* algo. É, antes de tudo, a ausência de algo – uma espécie de espaço vazio em um panorama que, em outro tempo e lugar, seria preenchido com atividades dinâmicas.

Outros pesquisadores identificaram essa tendência, mas a viram mais esperançosamente do que eu, ou apresentaram explicações diferentes para isso. Por exemplo, o psicólogo Jeffrey Arnett inicia seu livro *Emerging adulthood* [O despertar do adulto] com uma observação perspicaz: "Nas últimas décadas, uma revolução silenciosa aconteceu entre os jovens na sociedade norte-americana, tão silenciosa que só foi notada aos poucos e de forma incompleta". Arnett argumenta que, considerando o modo como a fase da adolescência se estendeu, é preciso designar um novo estágio da vida, que ele chama de "adolescência prolongada": essa é a "revolução silenciosa" à qual faz alusão.

Arnett encara o fenômeno com otimismo, deixando transparecer não mais que uma leve sugestão de ambivalência: "Ser um jovem norte-americano hoje em dia é experimentar tanto entusiasmo quanto incerteza, possibilidades mil e confusão, novas liberdades e novos medos"[22]. Na visão de Arnett, a vantagem do prolongado período de "emergência" é proporcionar aos jovens adultos uma excelente oportunidade de elaborar um futuro bem planejado, feito sob medida, de acordo com seus talentos, interesses e desejos. Mas eu afirmaria que esse otimismo aplica-se apenas a uma pequena parcela da população jovem. Devemos prestar mais atenção no restante dessa parcela.

Também não penso que estamos pressionando demais os jovens, como argumentaram alguns. Madeline Levine coloca a culpa pela falta de projetos vitais juvenis em expectativas muito altas, pressão dos pais e família rica. Meu ponto de vista é o de que grandes expectativas fazem que os jovens progridam (escrevi um livro sobre esse assunto[23]) e que os pais fazem bem em acompanhar os filhos atentamente. Quanto à riqueza, nossa pesquisa descobriu padrões similares entre grupos de jovens ricos e não ricos: uma pequena parcela de jovens em ambos os casos está fortemente motivada e profundamente comprometida; a maioria busca algo positivo para dar significado à vida; e uma minoria significativa em cada grupo dá poucas mostras de tentar encontrar algo que valha a pena. Portanto, acredito que devemos procurar respostas além dessas explicações.

INSATISFAÇÃO NA MEIA-IDADE

É aí que entra o papel do projeto vital, e devemos nos preocupar porque os efeitos desmoralizantes de não descobrir tal projeto de forma clara e autêntica podem durar um longo tempo, até mesmo uma vida toda.

INSATISFAÇÃO NA MEIA-IDADE

Há poucos anos, conheci um grupo de estudantes que tinha acabado de começar um programa de formação de professores. Alguns deles eram universitários recém-formados. Mas havia também um número de pessoas mais maduras, na casa dos 30 e 40 anos. O que faziam ali, após passarem tantos anos em outras atividades? Por que, fiquei pensando, tomaram esse novo rumo na vida?

Após o encontro conversei com eles e descobri que os estudantes mais velhos haviam largado o Direito, a Medicina, a carreira militar e os negócios. Aos olhos do mundo, eles não falharam. Alguns encontraram bons empregos no universo profissional ou corporativo. Ainda assim, todos desistiram, praticamente com a mesma queixa: nunca conseguiram se convencer de que estavam fazendo algo que realmente importasse para eles. Sentiam-se vazios e falsos. Compartilhavam a deprimente noção de que desperdiçavam tempo em atividades que não refletiam suas aspirações mais elevadas. O que quer que tenham começado não sustentou seu entusiasmo nem mesmo durante seus primeiros anos de vida adulta, que dirá uma vida inteira de trabalho.

Pelo menos os estudantes com os quais conversei tentavam, na meia-idade, identificar um interesse que pudesse lhes dar um ponto de partida na busca de algo significativo. Talvez encontrem o que estão procurando na carreira de professor, talvez não – somente o tempo vai dizer. Em outros casos com que deparei, o fato de não encontrar um trabalho significativo resultou em um misto de frustração e confusão, levando a lugar algum. Muitas vezes as pessoas que mais aparentam estar no caminho certo são as que expressam as mais graves incertezas. Recentemente, um cardiologista de 30 anos pediu-me um conselho. Em sua curta carreira, esse jovem brilhante já tinha adquirido a reputação de um dos maiores especialistas do sudeste dos Estados Unidos em cirurgias cardíacas complexas. Naturalmente, seus serviços eram muito requisitados. O problema é que odiava tanto seu trabalho que mal podia levantar-se da cama pela manhã. Embora tenha tentado extrair satisfação do trabalho de salvar vidas que prestava a seus pacientes, não podia escapar da sensação de que desde a tenra infância tudo que fizera fora para agradar outras pessoas. Sua infelicidade transparecia na maneira agitada de se sentar e falar sobre o pavor que tinha de um futuro que fosse semelhante ao presente. Quando conversei com ele, estava prestes a largar seu longo treinamento médico para procurar uma ocupação que pudesse realizá-lo. Não tinha a menor ideia de qual seria ela. De qualquer modo, seu desconforto era tamanho que lançar-se ao desconhecido pareceu-lhe uma alternativa melhor do que permanecer no caminho atual.

Compare essa história com uma do documentário da PBS citado anteriormente. Nem todos os estudantes mostrados em *Declining by degrees* empurraram a faculdade com a barriga ou a largaram. Entre os que perseveraram está uma jovem chamada Brittany. Como muitos outros estudantes retratados no filme, Brittany ficou desanimada porque, diz ela, "não tinha nada que mantivesse meu interesse em vir ao *campus*. Não havia estímulos, não estava realmente pensando nas coisas... Estava só na base de 'Não tenho a menor ideia de quem sou eu, do que vou ou quero fazer', uma situação realmente alarmante". Mas Brittany teve sorte, diferente da maioria dos estudantes do documentário. Pouco antes de deixar a faculdade, esbarrou na disciplina de astrofísica, que frequentou apenas para completar o curso de ciências. Inesperadamente, interessou-se pelo assunto. O professor notou seu interesse (só o fato de ela ter tal interesse já era incomum o bastante para destacá-la de seus colegas) e sentou-se com Brittany para uma conversa séria. A conversa convenceu-a de que tinha aptidão para ciências, de que poderia até ter vocação para a coisa. Quando Brittany terminou a faculdade, matriculou-se em um programa de pós-graduação em astrofísica. "Às vezes", refletiu mais tarde o professor, "um pouquinho de encorajamento faz toda diferença."

Mas, se de fato é assim, por que há tantos outros estudantes à deriva? Onde está a orientação – o "pouquinho de encorajamento" – de que os jovens de hoje podem estar precisando para encontrar seu projeto vital?

Neste livro, mostro que parte significativa do problema é que o fenômeno da falta de projeto vital não é suficientemente reconhecido por aqueles que são procurados pelos jovens em busca de orientação. Na verdade, não está nem na pauta dos agentes culturais que influenciam os jovens – mídia, escolas ou organizações cívicas e religiosas. Embora haja um bocado de cuidado e preocupação com os jovens na nossa sociedade, falta a compreensão dessa questão; é hora de nos concentrarmos em como podemos ajudá-los a descobrir os projetos vitais que estão procurando.

PROJETOS VITAIS, COMPROMISSO E O BEM-ESTAR DO JOVEM E DA SOCIEDADE

Por que um projeto vital é importante? Como ele contribui para que os jovens considerem seu futuro com inspiração e aspirações nobres? É claro, os benefícios para a sociedade não são difíceis de perceber. Sem uma geração mais nova dedicada a aceitar os desafios de um mundo que precisa de muitos reparos, fica difícil imaginar como um futuro decente pode ser conquistado. Mas minha preocupação primordial neste livro não é com a sociedade, e sim com os próprios jovens. O meu argumento é o de que encontrar um projeto vital claro é essencial para a conquista da felicidade e da realização, e que fazê-lo no ambiente cultural dos dias de hoje é muito mais difícil do que deveria ser.

O que exatamente quero dizer com projeto vital? Trata-se de uma *preocupação suprema*. É a máxima resposta à questão *Por quê? Por que* está fazendo isso? *Por que* isso tem importância para você? *Por que* isso é importante? Um projeto vital é uma razão mais profunda para os objetivos e motivos imediatos que orientam a vida cotidiana.

Desejos de curto prazo vêm e vão. Um jovem pode desejar uma boa nota em uma prova, uma namorada, o mais recente PlayStation do mercado, uma oportunidade no time de basquete ou entrar em uma faculdade prestigiada. Todos esses são desejos; refletem objetivos imediatos que podem ou não ter significado em longo prazo. Um projeto vital, ao contrário, é um fim em si mesmo.

Uma pessoa, ao longo dos anos, pode mudar de projetos vitais, ou adquirir novos; mas eles costumam durar pelo menos o bastante para que um compromisso sério seja criado e algum progresso na direção desse objetivo seja conquistado. Um propósito pode organizar uma vida inteira, concedendo-lhe não apenas significado, como também inspiração e motivação para o aprendizado contínuo e realização.

Como podemos ajudar os jovens a encontrar um projeto vital? Hoje, felizmente, sabemos o suficiente sobre o valor de tal projeto na vida de um jovem, e também sobre como desenvolvê-lo, para que possamos tomar providências que ajudem efetivamente os jovens a encontrar seu rumo. No próximo capítulo, introduzirei importantes descobertas da psicologia do desenvolvimento e do novo campo da psicologia positiva sobre como e por que um projeto vital é para nós tão valioso. Nos capítulos 3 e 4 descreverei resultados de minhas pesquisas sobre projetos vitais na juventude. Nos capítulos finais, ofereço sugestões àqueles que desejam ajudar os jovens a encontrar projetos vitais positivos – talvez até decisivamente – para orientar seu caminho.

· WILLIAM DAMON ·

NOTAS

1   A média de idade para o casamento nos Estados Unidos subiu cinco anos em relação à segunda metade do século XX, e a tendência é mais acentuada em outras nações industrializadas. E mais: parece estar crescendo em toda parte.

2   ARNETT, Jeffrey. *Emerging adulthood: the winding road from the late teens to the twenties*. Nova York: Oxford University Press, 2004, p. 6.

3   Arquivos do parlamento britânico, 2002.

4   HIRA, Nadira. "You raised them, you manage them!", *Fortune*, 28 maio 2007, p. 38-44.

5   DORSEY, Jason Ryan. *My reality check bounced*. Nova York: Broadway Books, 2007.

6   A adolescência, como fase da vida, é uma reação aos ambientes sociais modernos que oferecem aos indivíduos uma variedade de escolhas no momento de definir seu futuro. Confrontados com as escolhas sobre que profissão vão exercer, com quem (ou até mesmo se) vão se casar e no que vão acreditar, os jovens de hoje geralmente demoram certo tempo antes de estabelecer compromissos de vida. Foi somente em 1904 que um psicólogo (G. Stanley Hall) chamou esse período preparatório de "adolescência". Assim, do ponto de vista científico, a fase transicional da adolescência tem pouco mais de um século, e, do ponto de vista social, provavelmente não é muito mais antiga do que isso.

7   DAMON, William. "Preface". In: LERNER, Richard; STEINBERG, Laurence. *Handbook of adolescent psychology*. Nova York: John Wiley, 2004, p. vii-viii.

8   ERIKSON, Erik. *Youth: identity and crisis*. Nova York: W.W. Norton, 1968.

9   A maior parte dos dados divulgados neste livro provém da primeira fase de nosso estudo, completado em 2006. A coleta de dados continuará pelo menos durante o ano de 2009, e divulgaremos as novas descobertas à medida que forem emergindo de nossas análises ao longo dos próximos anos.

10   Com exceção dos jovens altamente motivados descritos no capítulo 4, alterei os nomes e certas características identificadoras de todos os indivíduos citados neste livro.

11   SELIGMAN, Martin. *Authentic happiness: using the new positive psychology to realize your potential for lasting fulfillment*. Nova York: Free Press, 2002.

12   Jessica não participou das pesquisas citadas neste capítulo e adiante no livro (especialmente nos capítulos 3 e 4). Ela e alguns outros exemplos apresentados foram extraídos de minhas relações pessoais e de outras observações. Em tais casos, mudei os nomes e certas características identificadoras.

13   SELDON, Anthony. "It is worthwhile teaching children well-being". *Financial Times*, 25 jun. 2007, n. 13, p. 5.

14   LEVINE, Madeline. *The price of privilege: how parental influence and material advantage are creating a generation of disconnected and unhappy kids*. Nova York: HarperCollins, 2006, p. 5.

15   PAPPANO, Laura. "The incredibles". *New York Times*, Education Life Section, 7 jan. 2007, p. 7-12.

16   SCHWARTZ, Alan J. "Four eras of study of college student suicide in the United States: 1920-2004". *Journal of the American College of Health*, v. 54, n. 6, 2006, p. 353-66. Schwartz relata mais de 1.400 suicídios de estudantes universitários e do ensino médio em um período de catorze anos, terminando em 2004. Via de regra, para cada suicídio "bem-sucedido" há dez outras tentativas. Também é fato bem conhecido na literatura sobre o assunto que os dados registrados são muito incertos, uma vez que muitos suicídios, especialmente entre pessoas de classe mais elevada, não são divulgados. Veja HAAS, Ann; HENDLIN, Herbert; MANN, John. "Suicide in college students". *American Behavioral Scientist*, v. 46, n. 9, 2003, p. 1.224-40.

17   "SUICIDES increased by 8% in the 10 to 24 age group". *Wall Street Journal*, 7 set. 2007, p. B4.

18   SCHNEIDER, Barbara; STEVENSON, David. *The ambitious generation: motivated but directionless*. New Haven: Yale University Press, 2000, p. 8.

• O QUE O JOVEM QUER DA VIDA? •

19 PBS, *Declining by degrees*, 2005, produzido por John Merrow.

20 KENISTON, Kenneth. *The uncommitted: alienated youth in American society*. Nova York: Harcourt, Brace, & World, 1965, p. 17.

21 A esse respeito, *The uncommitted* trilha um caminho semelhante ao de Paul Goodman em *Growing up absurd* [Criando o absurdo], publicado em 1960, mais ou menos na mesma época em que Keniston terminava sua pesquisa. O exame não empírico de Goodman do crescer nos Estados Unidos critica a sociedade do ponto de vista do jovem que é confrontado com várias hipocrisias e valores ruins que permeiam a cultura. Não importa o que se pense da pertinência da crítica, não há dúvida de que os protagonistas que Goodman tinha em mente eram uma parcela inteligente e sensível, propensa a examinar intelectualmente o ambiente à sua volta. Essa *persona* do jovem crítico e sagaz é comum há bastante tempo na ficção (por exemplo, Holden Caulfield, em *O apanhador no campo de centeio*, de J. D. Salinger). Goodman apresenta a *persona* ao mundo da análise e da crítica sociológicas, enquanto Keniston examina a questão do ponto de vista da ciência social empírica. Ambos os estudos representavam uma perspectiva seleta e complexa.

22 ARNETT, Jeffrey. *Emerging adulthood: the winding road from the late teens through the twenties*. Nova York; Oxford: Oxford University Press, 2004, p. 3.

23 DAMON, William. *Greater expectations: overcoming the culture of indulgence in our homes and schools*. Nova York: Free Press, 1996.

2 Por que ter um projeto vital é fundamental para progredir

"UMA PESSOA SEM PROJETOS VITAIS É como um navio sem leme", escreveu o historiador e filósofo escocês Thomas Carlyle há quase duzentos anos. Mais recentemente, publicações religiosas, científicas e populares têm atraído a atenção para a importância do projeto vital na vida humana. O livro do líder religioso Rick Warren, *Uma vida com propósitos*, por exemplo, foi bem recebido pelo público por sua concepção religiosa de que nossa tarefa principal na Terra é descobrir o propósito de Deus para nós.[1] Sua abordagem vem de sua fé cristã; contudo, a influência de seu livro, que contém vários insights sobre os benefícios pessoais do projeto vital, extrapolou grandemente o círculo de leitores religiosos. Warren argumenta, convincentemente, que um projeto vital nos traz tanto energia quanto resiliência. O acréscimo de energia provém da inspiração que a crença no projeto vital oferece, ao passo que o aumento da resiliência vem da constante dedicação a algo maior do que nós mesmos. Essa constante dedicação combate nossas tendências autodestrutivas de alienação.

Nos últimos anos, as ciências do cérebro e comportamental, até mesmo a medicina, começaram a prestar atenção no projeto vital e em conceitos afins como "sentido de vida", "objetivos intencionais" e "preocupação central", e os papéis que representam no bem-estar. Seguidos estudos descobriram que a noção de projeto vital de uma pessoa pode estar intimamente ligada a todas as dimensões do bem-estar. Estudos recentes na neurociência, por exemplo, descobriram que certas áreas do cérebro manifestam uma forte reação quando as pessoas observam atividades produtivas ou participam delas. Redes específicas de neurônios – localizadas em seções do cérebro que governam os julgamentos sociais e morais – são acionadas quando as ações são encaradas como tendo um propósito.[2] Pesquisas sobre envelhecimento demonstraram que um dos principais indícios de saúde e bem-estar na velhice está no fato de a pessoa continuar a ter metas.[3] Pesquisadores que estudam pessoas com problemas mentais descobriram que ajudá-los a encontrar um projeto vital pode auxiliá-los a superar suas deficiências psicológicas.[4] A implicação advinda dessas pesquisas é que uma disposição para atividades produtivas tenha sido engendrada em nós e seja fundamental para nos dar energia e nos guiar pelas mais importantes escolhas que fazemos na vida.

Na psicologia, há uma rica tradição de estudos sobre projeto vital e o sentido da vida, e um forte argumento empírico foi levantado com base na afirmação de Carlyle de que o projeto vital funciona como o leme que nos mantém mentalmente no curso. O interessante é que o argumento foi construído sobre pontos de vista um tanto distintos e até mesmo contrários.

O campo da psicologia clínica – e sua compreensão acerca do papel do projeto vital – foi profundamente influenciado pela publicação, em 1946, de um livro marcante escrito por um psicólogo e sobrevivente do Holocausto: *Man's search for meaning* [*Em busca de sentido – Um psicólogo no campo de concentração*. Petrópolis: Vozes, 2008], de Viktor Frankl. Os nazistas assassinaram sua mulher, seus pais, seus avós, e ele próprio permaneceu três anos preso em um campo de concentração. Como prisioneiro, estava sujeito ao trabalho escravo, à tortura, à fome e a outras condições terrivelmente violentas. Ele descobriu que somente sua determinação de compreender seu sofrimento – e escrever suas reflexões de modo que ajudassem outras pessoas – foi o que lhe permitiu sobreviver.

Frankl escreveu o manuscrito, e agarrou-se a ele como uma tábua de salvação, posteriormente publicando-o com grande aclamação. Ele observou que os prisioneiros que tinham crenças, como fé religiosa ou convicções a respeito do aprimoramento humano, foram mais capazes de sobreviver ao sofrimento do que aqueles que simplesmente tentaram prolongar sua existência. Em seguida, ele criou uma abordagem para a psicologia clínica chamada "logoterapia", baseada na visão de que o projeto vital e o sentido da vida promovem a saúde mental, funcionando como mecanismos de defesa contra a depressão e uma série de distúrbios relacionados com a ansiedade. Foi uma ideia radical para o seu tempo, pois a maioria dos psicólogos clínicos baseava-se na visão de Freud de que as neuroses eram subconscientes, requerendo como tratamento uma análise profunda. Frankl foi então um dos pioneiros de uma "revolução cognitiva" na psicologia, que levava a sério o poder da mente racional no fortalecimento da saúde mental ao construir sistemas de crença positivos com base no projeto vital e no sentido da vida.

Erik Erikson, escrevendo do ponto de vista da teoria psicanalítica, identificou o projeto vital como critério-chave da "força vital individual" durante a vida adulta. Segundo ele, uma tarefa essencial em nossos primeiros anos é emergir da infância com "uma noção realística de ambição e projeto vital".[5] De outra perspectiva, a psicóloga social Carol Ryff e seus colegas relataram claras associações entre projeto vital, crescimento pessoal, capacidade de se relacionar, sensação de ter as rédeas da vida nas mãos e uma autoimagem positiva. Esses elementos, crê Ryff, são os componentes centrais do bem-estar, essenciais tanto para a saúde quanto para a felicidade.[6]

O novo campo da psicologia positiva que estuda os elementos-chave motivadores da felicidade humana, muitas vezes chamado "estudo da felicidade", mostrou que a noção de se ter um projeto vital destaca-se na lista dos traços característicos que levam à felicidade.[7] Essa nova área da ciência baseia-se em uma série de descobertas que combinam os insights da psicologia e da economia e revelam um sem-número de verdades que contrariam as noções intuitivas acerca da felicidade. Uma dessas descobertas é o paradoxo de que as pessoas mais felizes raramente são aquelas que fazem muito esforço para ter satisfação.[8] Na verdade, as coisas que as pessoas esforçam-se para conquistar a fim de obter felicidade parecem ter pouco que ver com isso. A riqueza, por exemplo, está relacionada com a felicidade apenas marginalmente – exceto no caso de pobreza real, em que o aumento de renda permitiria acesso a mais comida, melhores condições de moradia e assistência médica. Nem status, fama ou outros esforços semelhantes, que servem de alimento para o ego, tornam as pessoas significativamente mais felizes: as alterações positivas no estado de espírito que essas recompensas criam geralmente mostram-se temporárias, desaparecendo logo após o brilho inicial.

O que *importa* para a felicidade é o comprometimento com algo que a pessoa considere envolvente, desafiador e atraente, especialmente quando ela faz uma valiosa contribuição ao mundo.[9] Cientistas que se dedicam a descobrir as verdades naturais e artistas que se dedicam a criar novas formas de beleza geralmente são mais felizes quando estão a caminho de solucionar um problema extremamente difícil.

A busca de projetos vitais nobres é outro excelente exemplo de tal comprometimento. Um projeto vital nobre pode levar alguém a fazer diferença no mundo. O psicólogo Dan McAdams pesquisou adultos que ele chama de pessoas *criativas*, que tentam fazer essa diferença.[10] Adultos criativos são extremamente dedicados ao trabalho e excelentes pais ou mentores de jovens. Eles desejam deixar um legado e preocupam-se com o bem-estar das futuras gerações. Essas pessoas são, em outras palavras, altamente motivadas. A pesquisa de McAdams mostrou que os adultos criativos são mais saudáveis e mais satisfeitos, além de ser mais envolvidos em atividades cívicas e mais ligados à família, à igreja e a grupos políticos. Eles veem o mundo através de uma lente otimista, enxergam a si próprios como extremamente eficazes. Tendem a considerar o fracasso uma oportunidade de aprendizado, em vez de permitir que o seu peso lhe caia sobre os ombros, e estão seguros de que bons resultados podem se seguir a reveses temporários. Esse tipo de perspectiva saudável na vida não apenas produz uma sensação de bem-estar, como também cria condições para o sucesso pessoal. De fato, um importante estudo sobre pessoas que fizeram conquistas notáveis confirmou que elas eram diferentes porque aplicavam às suas obrigações uma noção de projeto vital altamente desenvolvida.

Recentemente, dois dos meus alunos e eu revimos a literatura científica da psicologia do desenvolvimento sobre os fenômenos relacionados com o projeto vital e descobrimos inúmeros estudos que demonstram que este é fundamental para a plenitude durante e após a juventude.[11] É particularmente interessante para os pais um recente trabalho sobre o papel do projeto vital na infância. Num extenso programa de pesquisa, a psicóloga Bonnie Bernard mostrou que algumas crianças podem se recuperar das adversidades e dos traumas mais severos.[12] De acordo com Bernard, crianças que respondem com resiliência a circunstâncias difíceis têm quatro características-chave: noção de projeto vital (projetando-se do presente para o futuro), autonomia, competência social e habilidades para resolver problemas. Dessas quatro, eu diria que a principal é a noção de projeto vital, pois ele gera a motivação para que a criança estabeleça todas as outras. O trabalho de Bernard é bastante influente no campo do desenvolvimento juvenil contemporâneo, e suas descobertas a respeito do papel do propósito na resiliência infantil têm sido reproduzidas muitas vezes.[13]

Pesquisas posteriores demonstraram que o projeto vital auxilia os jovens a controlar seus sentimentos – inclusive impulsos autodestrutivos que afloram repentinamente na mente de todo jovem de tempos em tempos. A pesquisa neuropsicológica confirmou o que todos que passam algum tempo com jovens sabem: a juventude é um período de "emoções abrasadoras" (tomando emprestada aqui uma expressão de Ronald Dahl, proeminente pesquisador do cérebro).[14] Na época da puberdade, uma repentina explosão na capacidade dos neurônios sobrecarrega os sistemas cognitivo e emocional do adolescente. O resultado é uma infusão de energia no que quer que atraia a atenção do jovem, o que pode levar a comportamentos extremos e, às vezes, perigosos. Por essa razão, o período da adolescência pode ser arriscado para o próprio jovem e para os outros. Os índices de doenças e de mortalidade aumentam 200% durante a adolescência. Dirigir em estado de embriaguez é a terceira causa de morte entre adolescentes, junto com outros acidentes por imprudência, todos trágicos frutos das emoções – resultantes de ímpetos cerebrais – mal orientadas da adolescência.

Ainda assim, exatamente a mesma explosão neuronal que gera essas emoções de difícil controle e o comportamento irrequieto é capaz de melhorar a capacidade de julgamento e de raciocínio do adolescente. O desenvolvimento do cérebro no início da adolescência pode expandir a gama de interesses e aumentar o nível de seriedade com a qual ele se dedica a esses interesses. Adolescentes podem se tornar – e tornam-se, de fato – tão devotados a tocar instrumentos musicais ou desenvolver programas de computador, por exemplo, quanto a dirigir em alta velocidade quando estão bêbados. A questão é: qual será a escolha do jovem?

Conforme observa Ronald Dahl:

[...] essas emoções abrasadoras podem ser canalizadas de maneira saudável – a serviço de objetivos elevados. As paixões estão enraizadas nos mesmos sistemas subcorticais que os impulsos biológicos e os elementos primitivos da emoção. Ainda assim, a paixão entrelaça-se com o mais alto nível de empenho humano: paixão por ideias e ideais, paixão pela beleza, paixão pela música e a arte. E a paixão por ter sucesso em um esporte, nos negócios, na política, por uma pessoa, atividade, objeto ou busca também inspira sentimentos transcendentes.[15]

Nos capítulos subsequentes deste livro – especialmente no capítulo 4 – veremos como jovens motivados por um projeto vital transformaram suas paixões em objetivos produtivos, precisamente como sugere Dahl.

O projeto vital dota a pessoa de alegria nos bons momentos e de resiliência nos momentos ruins, e isso permanece por toda a vida. Entretanto, adolescentes e jovens adultos são particularmente mais suscetíveis, e uma juventude motivada por projetos vitais (como veremos) não apenas evita os riscos do comportamento autodestrutivo como também demonstra uma atitude notavelmente positiva que desperta a avidez por conhecer o mundo.

O projeto vital leva à satisfação pessoal trazendo as pessoas para fora de si mesmas, fazendo-as se interessar por uma série de atividades absorventes. Pessoas com projetos vitais deixam de pensar nelas mesmas, tornando-se, em vez disso, fascinadas pelo trabalho ou pelo problema que têm em mãos. Enquanto mobilizam sua capacidade física e mental para chegar a uma solução, podem descobrir aptidões que jamais pensaram ter: talentos não experimentados, novas habilidades, reservas de energia não explorada. Sentem uma onda de excitação enquanto se encaminham para os seus objetivos. Desligam-se das pequenas preocupações do dia a dia, de onde estão, de que horas são – em suma, de todas as fronteiras mentais normalmente apresentadas pelo universo físico e material. Em tais casos, eles experimentam aquele estado sublime de inspiração que o psicólogo Mihaly Csikszentmihalyi chamou de "fluxo".[16] A pesquisa é clara: embora a absorção no projeto vital possa ser extenuante, traz também um profundo sentimento de satisfação, bem-estar e alegria.

O paradoxo é que a aplicação de esforço árduo e frequentemente ingrato a serviço de um projeto vital, sem intenção de ganho pessoal, é um caminho mais certo para ser feliz do que a ávida busca da felicidade em si. A alienação e a autoindulgência simplesmente não funcionam para se alcançar a felicidade. As pessoas terminam sentindo-se vazias e ressentidas porque fracassaram em satisfazer um dos desejos mais verdadeiros e profundos do ser humano: o anseio universal de uma vida que faça sentido. E não é só isso: a alienação provoca instabilidade emocional, ao passo que dedicação a um projeto de vida cria uma firmeza emocional, uma vida que combina progresso com estabilidade. Todos os que escreveram sobre satisfação psicológica identificaram essa combinação de noção de progresso e estabilidade emocional como uma de suas condições-chave.

OS SINAIS INCONFUNDÍVEIS DO PROJETO VITAL

Mas o que exatamente *é* projeto vital? E como reconhecê-lo?

Toda palavra pode ser usada de múltiplas formas, mas pelo bem de uma análise cuidadosa é necessário selecionar uma definição precisa e nos atermos a ela. Sempre se pode questionar se a definição inclui cada nuança que a palavra possa sugerir, mas uma definição pelo menos deixa fundamentalmente claro do que estamos falando. Durante a revisão da literatura científica que comentei anteriormente, encontramos certo consenso no modo como a pesquisa em desenvolvimento humano definiu projeto vital ao longo dos anos.[17] Nós desbastamos e apuramos a linguagem e chegamos à seguinte definição:

Projeto vital é uma intenção estável e generalizada de alcançar algo que é ao mesmo tempo significativo para o eu e gera consequências no mundo além do eu.

Escolhemos essa definição porque ela destaca dois pontos-chave: (1) projeto vital é uma espécie de objetivo, mas tem longo alcance e é mais estável do que objetivos mais simples e comuns como "divertir-se esta noite", "encontrar um lugar para estacionar na cidade", "comprar um par de sapatos barato, mas que seja bonito" ou "passar na prova de química"; (2) o projeto vital pode ajudar na busca pessoal de um sentido de vida, mas vai além do aspecto pessoal, e, por essa razão, não é um sinônimo exato. O projeto vital comunica-se com o mundo além do *eu*. Isso implica um desejo de fazer diferença no mundo, talvez de contribuir com algo para os outros, criar algo novo ou realizar algo de sua autoria. O intento almejado pode ser material ou imaterial, externo ou interno, realista ou puramente idealista. Em muitos casos, um projeto vital pode não ser atingível durante o período de vida de alguém – por exemplo, acabar com a pobreza ou criar a paz mundial. Mas uma meta extremamente ambiciosa não é necessariamente ingênua; para muitos, é uma fonte de intensa motivação.

Um projeto vital verdadeiro é uma *preocupação central*. É a resposta final à pergunta: *Por quê?* – *Por que* estou fazendo isso? *Por que* isso é importante? *Por que* isso é importante para mim e para o mundo? *Por que* me esforço para alcançar esse objetivo? O projeto vital é a razão *por trás* dos objetivos e motivos imediatos que comandam a maior parte do nosso comportamento diário.

Objetivos e motivos vêm e vão. Um jovem pode desejar um carro novo, uma viagem ao México, tirar dez em uma prova, entrar em determinada faculdade. Esses são objetivos imediatos, e não preocupações centrais; eles são meios para fins mais importantes. Um projeto vital é um fim *em si mesmo*, uma preocupação central que orienta as metas de curto prazo, como: *"Quero tirar boas notas e entrar na escola de medicina para me tornar um médico e cuidar dos doentes"* ou *"Quero ganhar dinheiro para me tornar um empresário e montar um excelente negócio"*. É importante observar, entretanto, que objetivos de curto prazo e um projeto de vida maior, de longo prazo, não estão dissociados. Estudos mostraram que onde não existe um projeto vital maior, objetivos e motivos de curto prazo normalmente levam a lugar nenhum e logo se extinguem em uma atividade inútil.[18]

Os projetos vitais podem ser complexos e ambiciosos – "Quero ajudar os países da África a erradicar a malária" – ou modestos e familiares – "Quero ter uma boa família e cuidar dos meus filhos". Podem mudar com o tempo, e uma pessoa pode criar novos ao longo dos anos. Mas é da natureza do projeto vital durar pelo menos o suficiente para que a pessoa demonstre comprometimento com ele de forma ativa, e, normalmente, fazer algum progresso no sentido de realizá-lo. O projeto vital pode organizar toda uma vida, concedendo-lhe não apenas sentido e alegria, como também motivação para aprendizagem e realizações.

Devo acrescentar ainda mais um insight essencial sobre o projeto vital e seu papel no progresso pessoal que aprendi a partir de meus estudos sobre o desenvolvimento humano. Nesse caso, meu aprendizado se deu há muitos anos, pelas mãos de um grande mestre em teoria do desenvolvimento. É algo que trago comigo até hoje e ainda molda minha compreensão sobre o que realmente importa no desenvolvimento juvenil.

O INÍCIO DA MINHA FORMAÇÃO EM DESENVOLVIMENTO HUMANO

Quando estava começando minha carreira acadêmica como professor assistente, inesperadamente recebi uma bolsa de um mês no laboratório de Jean Piaget, em Genebra, na Suíça. Na época, Piaget era o mais famoso psicólogo vivo do desenvolvimento, e sua obra influenciou fortemente os meus primeiros trabalhos. Estava emocionado com a chance de conhecer o grande mestre, e isso ocorreu bem a tempo, pois Piaget faleceria no ano seguinte.

Ainda na preparação para a visita, tive dois empecilhos significativos. Primeiro, meu francês era péssimo, e eu tinha só dois meses para adquirir alguma fluência. Segundo, embora tenha devorado muitos dos livros de Piaget com grande satisfação, eu (bem como muitos outros na área) achara seu mais recente livro indecifrável. Para piorar a minha ansiedade, fora nesse livro que Piaget expusera sua solução para o mais importante e difícil mistério de todos: o que *causa* o desenvolvimento humano. Piaget chama sua resposta a essa pergunta de "equilibração" (que é também o título do livro*); mas, para ser totalmente franco, isso foi tudo que consegui compreender depois de muitas horas tentando entender aquele texto tão complexo.

Contudo, estava determinado a extrair o máximo possível dessa viagem, conhecendo em primeira mão a explicação do mestre sobre o mais profundo mistério do desenvolvimento. Na minha primeira visita a Genebra, parecia que eu dera sorte, pois Piaget estava ministrando um seminário exatamente sobre esse assunto. É evidente que essa era sua principal preocupação em seus últimos dias. *Le Patron* (como era chamado por seus alunos e assistentes, algo que ainda estou para conseguir em meu próprio laboratório) me convidou a acompanhar o seminário como ouvinte durante minha estada de um mês. Uma oportunidade e tanto! No entanto, logo ficou claro que suas afirmações no seminário eram tão impenetráveis quanto as do livro. E não só por causa do meu francês vacilante: entre cervejas e cafés, os estudantes de lá me confessaram que estavam tão perdidos quanto eu.

Finalmente, no último dia da minha visita (e essa coincidência me fez pensar se isso, de alguma forma, fora obra do destino), o notável senhor disse algo que eu de fato entendi e ainda considero esclarecedor. Ele estava começando a se exasperar com a confusão de um aluno (compartilhada por todos nós, é claro) acerca do significado de "equilibração" e como ela funciona no desenvolvimento. (Literalmente, o termo significa "buscando equilíbrio", e nenhum de nós atinava como isso gera a mudança no desenvolvimento.) Piaget perguntou ao aluno: "Quando você cai na água, qual é o melhor modo de não afundar?" Sentindo-se o centro das atenções, o aluno arriscou, numa rápida sequência: "Boiar? Mexer os membros para se manter à tona? Bater os pés sem parar e tentar manter a cabeça fora d'água?" "NÃO!", esbravejou Piaget. "Você deve *nadar*, e em uma *direção*. Você deve *ir adiante*.

---

* Em português, A *Equilibração das estruturas cognitivas — Problema central do desenvolvimento*. Rio de Janeiro: Zahar, 1976. [N. T.]

Isso o manterá firme. Além de tudo, você ainda pode obter a vantagem de chegar a algum lugar. É *isso* que a equilibração representa em desenvolvimento. Mover-se para a frente, com firmeza, nunca tentando permanecer num só lugar".

Com o tempo, a metáfora da natação de Piaget permitiu-me lidar com uma dúvida fundamental de pais e educadores sobre a orientação dos jovens: como, exatamente, podemos dizer quando um jovem está *progredindo* no desenvolvimento, ou, em outras palavras, está "no caminho" para tal? O que, de fato, conta como *progresso* no desenvolvimento do jovem? Como podemos saber, antes que se torne óbvio devido a problemas de comportamento, que deveríamos estar preocupados?

O problema principal é que qualquer suposto indicativo comportamental de sucesso – ou fracasso, se for o caso – pode ser enganoso. Um jovem pode estar empenhado em diversas atividades e sair-se extremamente bem em todas elas, mas ainda lhe faltar um verdadeiro direcionamento. Ou talvez pareça em desvantagem por sofrer de distúrbios mentais ou físicos que aparentam ser insuperáveis e ainda assim estar em pleno processo de superação. Por exemplo, um pediatra pode arriscar que uma criança de 7 anos, que ainda se esforça para falar, não esteja progredindo e então sugere que isso deva ser usado como indicativo. No entanto, há o caso de Helen Keller, um sinal de progresso durante toda sua vida, apesar das sérias deficiências que retardaram sua fala na juventude. Além disso, é surpreendente a quantidade de atletas olímpicos que passa seus primeiros anos lutando contra deficiências físicas; de pessoas bem-sucedidas nos negócios que têm algum tipo de déficit de aprendizado; de cientistas brilhantes que tiveram dificuldade com a matemática elementar; de líderes mundiais que viveram uma juventude problemática. Como poderíamos determinar com antecedência que esses indivíduos estavam no caminho para o sucesso apesar de sua aparente incapacidade – que, no que se refere ao desenvolvimento, de fato já estavam progredindo quando eram jovens?

Aqui, acredito que a solução de Piaget seja a chave. Mais reveladora do que quaisquer parâmetros comportamentais em particular, como aprovação em exames, prêmios conquistados, popularidade ou até mesmo o nível geral de felicidade exibido, é a *direção* e o *significado* dos esforços de um jovem. Os indicativos relevantes são: o jovem está se empenhando para alcançar uma meta que valha a pena? Ele encontrou projetos vitais satisfatórios para motivar e direcionar seus esforços? Eles são compreendidos e valorizados pelas pessoas de que ele necessita para apoiá-lo enquanto está crescendo?

Quando duas condições cruciais se aplicam – *o movimento progressivo em direção a um projeto vital satisfatório* e *uma estrutura de apoio social compatível com esse esforço* –, tudo indica que a criança será bem-sucedida. Pode ser até que o jovem esteja lutando ou até mesmo fracassando em alguns aspectos: apesar disso, no sentido de desenvolvimento, ele está no caminho. É claro que a criança deve ser observada por um tempo para que cheguemos a essa conclusão. A foto de um jogador de futebol frustrado porque chutou a gol e errou não diz se ele vai ou não conseguir acertar da próxima vez, nem se seu time ganhará ou não o jogo. Mas conhecer o jogador e como o time lida com as contrariedades, entender sua determinação, moral e coragem quando se encontra em situações difíceis e compreender seu *momentum* durante esse ponto do campeonato pode revelar se o time está apto a ser bem-sucedido ao longo do tempo. A vida, como tantos eventos atléticos, é basicamente um jogo de recuperação.

Uma das ideias mais intrigantes nas ciências do desenvolvimento das últimas décadas é o fenômeno da "curva em J".[19] Ao observar crianças aprendendo a dominar novas habilidades em uma série de áreas (matemática, redação, artes), psicólogos identificaram um surpreendente padrão: à medida que o aprendiz lida com novos e difíceis desafios, quase sempre há um *declínio* inicial nas habilidades. São cometidos erros em tarefas que antes pareciam fáceis, e o aprendiz sente-se mais "burro" do que nunca. É essa baixa de rendimento que forma a parte do meio do "J". O caso é que os "erros idiotas", em retrospecto, nada mais são do que erros de crescimento. Uma vez que o aprendiz passa por essa baixa, a performance eleva-se rapidamente a novos patamares.

Não se trata de um argumento meramente acadêmico. Os alvos de nossos estudos – jovens em meio ao desconcertante, muitas vezes apavorante e sempre extraordinário processo de desenvolvimento adolescente – beneficiaram-se enormemente quando aqueles ao seu redor conseguiram perceber que estavam progredindo mesmo em meio à confusão da juventude. Quando os adultos são capazes de enxergar isso, os jovens se dão conta de que há pessoas que acreditam neles. E essa mensagem pode fazer enorme diferença na busca de um caminho.

PROJETO VITAL NOBRE × PROJETO VITAL ANTISSOCIAL

Há um último ponto que devo destacar quanto a reconhecer o projeto vital e que diz respeito a uma série de perguntas capciosas frequentemente feitas em minhas palestras: e quanto aos propósitos ruins? São tão "verdadeiros" quanto os positivos e os sociais? Eles funcionam da mesma forma como motivadores? Podemos, de fato, determinar se o projeto vital de alguém é bom ou mau, nobre ou antissocial?

Não há dúvida de que grandes males foram causados por pessoas que se comprometem com projetos vitais destrutivos – ou, talvez mais comumente, que cometem ações antissociais em nome de projetos vitais nobres. Ao longo da história, tiranos mataram pessoas injustamente em nome de princípios supostamente mais elevados. Para ser qualificado como um projeto vital valioso, o *como* e o *por que* de uma ação devem ser orientados por um forte senso moral. Encontrar um propósito nobre significa tanto devotar-se a uma causa que valha a pena como fazê-lo de maneira honrada. Para dar um exemplo extremo, obviamente não seria nobre buscar a erradicação da pobreza no mundo exterminando-se as pessoas pobres.

Com base em minhas observações do projeto vital na vida humana, em leituras e discussões com outros colegas[20] e em minhas próprias reflexões sobre o assunto, concluo que:

1. somente um projeto vital positivo, social, pode fornecer inspiração, motivação e resiliência duradouras. A principal razão para isso está intimamente relacionada com a constituição natural de nossa espécie: estamos programados para sentir uma "elevação moral" quando agimos com os outros de forma benévola e empática;[21]

2. projetos vitais destrutivos ou antissociais podem ter efeitos intensamente motivadores por certo tempo, mas ao final eles se extinguem, seja lentamente, com dúvida e incerteza crescentes, seja subitamente, com atividade autodestrutiva. Novamente, nossa biologia é (em parte) nosso destino: estamos programados para experimentar "desgosto moral" – não imediatamente nem com regularidade, mas eventual e inevitavelmente – quando nos comportamos de forma desumana e agimos contra nossos padrões morais mais importantes;[22]

3. projetos vitais nobres promovem o bem-estar de outros; eles são perseguidos por meios que obedecem a padrões morais como honestidade e respeito; e são alcançados num espírito de razoável humildade em vez de autoexaltação. Projetos vitais antissociais prejudicam os outros; são perseguidos com trapaça e desrespeito e refletem motivos egomaníacos ou megalomaníacos. O tirano insano que vai à guerra supostamente pelo bem de "seu povo", e usa traição, mentiras e medo para manter seu poder, distingue-se facilmente do líder popular que trabalha dizendo a verdade, prestando atenção ao *feedback* das pessoas e tomando decisões que respondam às suas necessidades.[23]

ENTÃO, ONDE SE PODE ENCONTRAR UM PROJETO VITAL?

Em nossa sociedade, o trabalho é um dos principais locais em que as pessoas encontram projeto vital; e no trabalho, assim como em qualquer outra área da vida, esse projeto acrescenta energia, resiliência e realização em longo prazo. Em um estudo sobre americanos de meia-idade, a psicóloga Anne Colby descobriu que assalariados de todos os níveis, de executivos a operários, encontraram um projeto vital no emprego, enxergando seu trabalho como uma forma de contribuir para a sociedade e assumir a responsabilidade por sua família.[24] Motoristas de ônibus, enfermeiros, bancários e garçonetes têm tanta possibilidade de encontrar significado em seu trabalho quanto pessoas em profissões de "elite", como médicos e advogados. Isso pode parecer surpreendente em meio a tantas queixas sobre empregos sem sentido, repletos de chateações, corporativismo, burocracia e chefes idiotas. Mesmo assim, de uma amostra representativa de americanos descobriu-se que "a grande maioria dos participantes do estudo (79%) disse que seu trabalho é significativo".[25]

Em todos as funções, houve quem não visse seu trabalho como significativo, e essas pessoas, como é de esperar, encaram o trabalho como um fardo. Ainda assim, são minoria, representando pouco mais de 20% da amostra. Pessoas que têm um projeto vital no trabalho estão mais aptas a evitar o esgotamento e a permanecer comprometidas. Os jovens que escolhem a carreira com base em um projeto vital resistem às armadilhas da falta de direcionamento.

Entre as fontes de propósito mencionadas pelos trabalhadores nesse estudo estão: "fazer um bom trabalho", "contribuir para a sociedade", "ajudar os outros", "sustentar minha família", "apoiar meus companheiros de trabalho", "fazer diferença para a empresa", "ensinar a ética do trabalho para meus filhos", "crescimento pessoal" e "autoexpressão". O interessante é que mais de 40% dos trabalhadores relataram no estudo que uma de suas satisfações era "se divertirem" buscando esses projetos vitais.

Tradicionalmente, o trabalho motivado por um projeto vital é denominado "vocação", mesmo a palavra tendo uma conotação tão sublime, o que faz que poucas pessoas a empreguem para se referir ao seu trabalho (embora, como mostrarei, na prática a maioria dos adultos americanos realmente relacione o emprego a algo próximo de uma vocação). Uma consequência infeliz disso é que os jovens raramente são encorajados a identificar uma vocação para si. Em vez disso, em uma tentativa equivocada de ser realistas, quase sempre os aconselhamos a procurar um emprego que lhes assegure o sustento, deixando para trás o ideal de vocação, como se fosse uma criação da fantasia romântica.

A crença no trabalho como vocação tem origem em antigas doutrinas teológicas; mas, como muitas noções de valor com origens religiosas, é uma ideia que os teóricos sociais modernos consideraram atraente também no meio secular. O sociólogo Max Weber escreveu que todas as pessoas têm uma vocação particular, que reflete três qualidades intrínsecas e extrínsecas: suas próprias habilidades; a necessidade que o mundo tem dos serviços que essas habilidades podem proporcionar; e a satisfação que têm em servir a sociedade à sua maneira.

Quando se pensa no trabalho como vocação em vez de um simples emprego, a experiência de trabalhar se transforma. As conquistas mais rotineiras transformam-se em motivo de orgulho. Obrigações que antes pareciam uma chateação tornam-se meios valiosos de transformar a vida de outras pessoas. Sentimentos de frustração diminuem. Como foi demonstrado em pesquisas, esses efeitos são reais tanto para executivos como para operários, nos setores público ou privado, em empresas grandes e pequenas.

Aplicam-se às pessoas em início de carreira, no auge e àqueles que estão a caminho da aposentadoria.[26] E é contagioso: trabalhadores que identificam sua vocação inspiram outros a descobrir um significado mais profundo em seu trabalho.

· O QUE O JOVEM QUER DA VIDA? ·

O vital na questão da vocação é que as pessoas entendam que é algo a ser encontrado até mesmo nos empregos e nas empreitadas mais simples. Há alguns anos, fui convidado a visitar uma cidadezinha que estava preocupada com a maneira com que seus jovens vinham passando o tempo. Nada de drástico acontecia por lá – nem mortes trágicas nem episódios apavorantes como o de Columbine* –, mas a cidade estava sendo castigada por uma epidemia de incidentes: adolescentes dirigindo bêbados, péssimos desempenhos na escola e outros problemas típicos dessa etapa da vida. Um pai me contou que seu filho e alguns dos amigos dele haviam melhorado o comportamento de modo notável depois que começaram a trabalhar em um restaurante. Intrigado, fui conversar com o gerente. O lugar era uma lanchonete do tipo fast-food, que servia comida nada sofisticada para hordas de clientes. Ainda assim, o gerente tinha mais orgulho do que fazia do que se estivesse trabalhando em um restaurante cinco estrelas recomendado pelo guia *Michelin*. "Servimos às pessoas a comida que gostam por um preço que podem pagar e as ajudamos a manter sua vida sem complicações ou atrasos", ele me disse. "As famílias que chegam aqui vão embora com um estado de espírito melhor. As crianças se divertem, mamãe e papai não precisam cozinhar e eles não precisam vender a casa para pagar a conta."

E quanto aos seus jovens empregados? "Eles sempre começam aqui com certa postura. Acham que os fregueses são lixo e seu serviço consiste em lhes dar o mínimo possível e se livrar logo daquilo para ir aos fundos do restaurante fumar. Eu lhes digo que cada cliente deve ser tratado como se fosse o melhor amigo deles. E que o trabalho deles não é só servir a comida e receber o dinheiro do cliente: é colocar um sorriso no rosto de cada freguês. Quando o jovem entende isso, tudo muda – sua postura, a maneira de agir, o modo de se vestir, tudo. Eles tiram prazer do que fazem, assim como eu."

---

* Massacre ocorrido em 1998, na Columbine High School, em Littleton, Colorado, Estados Unidos. [N.E.]

A alegria do gerente com seu trabalho fala por si. Do que pude depreender com a minha visita, os jovens que trabalhavam em seu fast-food também estavam satisfeitos com o emprego, e não faziam parte do grupo de jovens problemáticos que preocupava a cidade. Além disso, eles tinham "entrado na linha" em diversos aspectos que iam além do emprego. A lição sobre atitude positiva que aprenderam havia reforçado a motivação na escola, melhorado o comportamento na comunidade e elevado a percepção de si mesmos. Eles aprenderam que eram capazes de fazer diferença tangível no mundo, não importando até que ponto seus esforços parecessem irrelevantes para os outros.

Um projeto vital pode ser nobre sem ser "heroico" ou requerer aventuras ousadas e arriscadas, e nossos livros de história estão repletos de narrativas dramáticas de atos corajosos que realmente "salvaram a pátria". Mas projetos vitais nobres também podem ser encontrados na rotina que tece a existência comum. Uma mãe que cuida de seu bebê, um professor que ensina seus alunos, um médico tratando de seus pacientes, a campanha de um cidadão em favor de um candidato pelo bem da comunidade, todos eles estão perseguindo projetos vitais nobres. Como também estão as legiões de pessoas comuns que dedicam tempo, cuidado, esforço e bens à caridade, aos amigos e à família, às suas comunidades, à sua fé ou ao trabalho.

CIÊNCIA E FÉ EM ACORDO

Outra poderosa e duradoura fonte de projetos vitais é a fé religiosa. Durante grande parte da era moderna, defensores da ciência e defensores da fé enfrentaram-se em batalhas verbais. Mas o projeto vital humano é um fenômeno em que não há batalhas, porque as tradições da ciência e da fé dizem essencialmente o mesmo. Os livros sagrados das maiores religiões do mundo estão repletos de histórias sobre homens e mulheres que mantêm sua dedicação e seu equilíbrio mental a despeito de severas perseguições e outras adversidades. Toda tradição religiosa apresenta a noção de que quanto mais próximo estivermos do propósito de Deus para nós, mais satisfeitos nos tornamos. Como observei anteriormente, esse é o tema do influente livro de Rick Warren, *Uma vida com propósitos*. Em um estudo sobre "exemplos morais" (pessoas que demonstraram extraordinário compromisso com ideais morais, como compaixão ou justiça) que Anne Colby e eu realizamos há alguns anos, entrevistamos pessoas com forte compromisso com a fé. Elas disseram que, longe de sentir pena de si mesmas, sentiam gratidão e até alegria pelas dificuldades que testaram sua fé. Estão convencidas de que sua provação as aproximou de Deus. Essas pessoas reluziam com seu projeto vital, e davam brilhante exemplo àqueles que os conheciam ou sabiam como haviam devotado a vida a alimentar os famintos, a lutar pelos direitos civis ou a outros tipos de esforço humanitário e nobre.[27]

A maior parte dos exemplos deste livro é retirada de fontes seculares como o trabalho, a família e a cidadania. Mas não há dúvida de que o projeto vital religioso pode promover o mesmo tipo de benefício psicológico e social. Nos capítulos a seguir, cito diversos exemplos de jovens que estão descobrindo projetos vitais satisfatórios por meio da fé. Mesmo assim, até esse antiquíssimo método está se perdendo na atual atmosfera cultural. Em janeiro de 2007 uma matéria do *New York Times* descreveu o aumento dos "jovens que estão se afastando da fé", fenômeno percebido por igrejas de todas as denominações. "As igrejas cristãs vêm lutando com o problema há anos. E, recentemente, líderes evangélicos dos Estados Unidos soaram o alarme sobre uma 'evasão epidêmica de jovens'."[28] Mas também há uma contratendência, e entre a população adulta em geral a fé religiosa tem permanecido firme ao longo das últimas décadas. Mas no que diz respeito à fé como fonte potencial de projetos vitais para os jovens, observadores descrevem um novo tipo de "abismo entre gerações", no qual muitos pais são incapazes de transmitir sua fé religiosa aos filhos ou não estão dispostos a fazê-lo.[29]

REALISMO E O BEM MAIOR

Infelizmente, poucos jovens hoje preparam-se para a vida adulta combinando autovalorização e projetos vitais determinados, o que produz um sentido de vocação. A vocação (como veremos no capítulo 4) requer: (1) uma consciência realista das próprias habilidades; (2) interesse em saber como essas habilidades podem ir ao encontro de alguma das necessidades do mundo; e (3) um sentimento de alegria de utilizar as próprias habilidades dessa forma. Essas regras podem ser aplicadas a qualquer ocupação.

Mas muitos jovens de hoje estão longe de conseguir a integração de autoconhecimento e projetos vitais. Vários estão simplesmente à deriva, enquanto outros agarram-se a alguma fantasia romântica de carreira sem uma ideia clara do que precisaria para persegui-la ou sem alguém que lhes ofereça auxílio em tal busca. Muitos jovens alimentam ambições irreais que guardam pouca relação com suas próprias habilidades: atletas do ensino médio que sonham ser iguais a Michael Jordan, cineastas amadores que se imaginam o próximo Steven Spielberg, repórteres do jornalzinho do colégio que se veem saltando direto para o cargo de âncora em uma importante emissora de tevê. Alguns poucos jovens, sem dúvida, terão o talento, a garra e a determinação para ser bem-sucedidos em carreiras de tanta visibilidade. Mas a maioria terá de lidar com a realidade de que eles não se enquadram nessas áreas.

A raiz do problema é que, enquanto pensam em sua futura profissão, eles consideram apenas as características superficiais da vocação – o que podem esperar dela, se o trabalho é ou não capaz de merecer seu interesse, as possibilidades de fama e fortuna –, sem considerar o que estão tentando conquistar e como suas aptidões podem ser úteis para o mundo.

Pessoas bem-sucedidas concentram-se no que estão tentando conquistar, e tentam obter sucesso em algo que eles sabem que podem fazer; com isso em mente, têm certeza de que considerarão o trabalho interessante e significativo. Para o jovem que vislumbra uma carreira, ter um projeto vital é a chave para esse importante posicionamento. Mas onde, em nosso sistema educacional, apresentamos esse conceito crucial aos alunos? E quando empregamos tempo e esforço para ajudar nossos estudantes a combinar habilidades e interesses com determinadas escolhas de carreira (ou até, em jargão econômico, com a demanda do mercado de trabalho)? Muitos jovens têm de lidar sozinhos com os maiores questionamentos da vida: qual é minha vocação? Que contribuição posso oferecer ao mundo? Para que estou aqui? É como se estivéssemos fugindo dessas questões, receosos de encará-las, tanto por nós mesmos, como também por nossos filhos.

Como algumas pessoas fazem a escolha certa, e como os adultos que os cercam proporcionam o tipo de apoio e orientação que os auxilia a fazê-lo são o tema do restante deste livro. Nossa pesquisa mostra como os jovens dos Estados Unidos estão lidando com esse desafio, alguns com sucesso, outros não. Além disso, discutirei o papel que a influência exercida pelos adultos desempenha na solução desses conflitos. Então, ofereço meus conselhos para educar as crianças de forma que se facilitem suas tentativas de encontrar um projeto vital genuíno.

NOTAS

1 WARREN, Rick. *The purpose-driven life*. Grand Rapids: Zonddervan, 2003.

2 GALLESE, Vittorio; EAGLE, Morris; MIGONE, Paolo. *International attunement: mirror neurons and the neural underpinnings of interpersonal relations*. Universidade de Pádua, 2005; JACOBINI, M. *et al.* "Grasping the intentions of others with one's own mirror neuron system". *PLOS Biology*, 2005, p. 529-35.

3 BALTES, P. B.; STAUDINGER, U. M. "Life span theory in developmental psychology". In: DAMON, W.; Lerner, R. M. (orgs.). *Handbook of Child Psychology*, v. 1, 6. ed. Nova York: Wiley, 2006.

4 WERNER, E.; SMITH, R. *Journeys from childhood to midlife: risk, resilience, and recovery*. Ithaca: Cornell University Press, 2001.

5 ERIKSON, Erik. *Youth: identity and crisis*. Nova York: W. W. Norton, 1994.

6 RYFF, C. D.; SINGER, B. "Middle age and well-being". In: FRIEDMAN, Howard S. (org.). *Encyclopedia of mental health*. San Diego: Academic Press, 1998, p. 707-19.

7 Veja, por exemplo, PETERSON, C.; SELIGMAN, M. *Character strengths and virtues: a handbook and classification*. Nova York: Oxford, 2003.

8 KAHNEMAN, Daniel. "Experienced utility and objective happiness: a moment-based approach". In KAHNEMAN, Daniel; TVERSKY, Abraham (orgs.). *Choices, values and frames*. Nova York: Cambridge University Press and The Russell Sage Foundation, 2000, p. 673-92.

9 Ibidem.

10 McADAMS, D. "Generativity in midlife". In: LACHMAN, M. (org.). *Handbook of midlife development*. Nova York: John Wiley, 2001, p. 395-443.

11 DAMON, W.; MENON, J.; BRONK, K. "The development of purpose in adolescence". *Journal of Applied Developmental Science*, n. 7, 2003, p. 119-28.

12 BERNARD, Bonnie. *Fostering resiliency in kids: protective factors in the family, school and community*. San Francisco: Far West Laboratory, 1991.

13 Veja, por exemplo, BURNS, Timothy. *From risk to resilience: a journey with heart for our children, our future*. Dallas: Marco Polo, 1994.

14 DAHL, Ronald. "Adolescent brain development: a period of vulnerabilities and opportunities". *Annals of the N. Y. Academy of Sciences*, n. 1.021, 2004, p. 1-22.

15 Ibidem.

16 CSIKSZENTMIHALYI, Mihaly. *Finding flow: the psychology of engagement with everyday life*. Nova York: Basic Books, 1997.

17 DAMON, W.; MENON, J.; BRONK, K. "The development of purpose in adolescence", *op cit*.

18 Veja, por exemplo, EMMONS, Robert. *The psychology of ultimate concerns: motivation and spirituality in personality*. Nova York: Guilford Press, 1999.

19 STRAUSS, S. "Developmental change". In: DAMON, William (org.). *Handbook of child psychology*. 5. ed. Nova York: Wiley, 1998.

20 Como parte de nosso estudo sobre exemplos morais, perguntamos a vinte teólogos e outros estudiosos, de diversos pontos de vista ideológicos, como definir as diferenças entre fins nobres e antissociais. O resultado dessas entrevistas são a base de minhas conclusões neste livro. Para consultar os resultados na íntegra, veja o capítulo 2 de DAMON, William; COLBY, Anne. *Some do care: contemporary lives of moral commitment*. Nova York: Free Press, 1992.

21 HAIDT, J. *The happiness hypothesis: finding modern truth in ancient wisdom*. Nova York: Basic Books, 2006.

22 HAIDT, J. "The emotional dog and its rational tail: a social intuitionist approach to moral judgment". *Psychological Review*, n. 108, 2001, p. 814-34.

23 EBERSOLE, P; DEVOGLER-EBERSOLE, K. "Meaning in life of the eminent and the average". *Journal of Social Behavior and Personality*, v. 1, n. 1, jan. 1985, p. 83-94. Esse estudo é especialmente interessante porque testava a hipótese apresentada pelo filósofo Will Durant, que estudou profundamente pessoas eminentes ao longo da História.

24 COLBY, A.; SIPPOLA, L.; PHELPS, E. "Social responsability and paid work". In: ROSSI, A. (org.) *Caring and doing for others: social responsability in the domains of family, work, and community*. Chicago: University of Chicago Press, 2001.

25 Ibidem, p. 86.

26 Ibidem.

27 DAMON, William; COLBY, Anne. *Some do care: contemporary lives of moral commitment, op cit.*

28 "A CHURCH's challenge: holding on to its young". *New York Times*, 16 jan. 2007, p. 5.

29 "RELIGION's generation gap". *Wall Street Journal*, 2 mar. 2007, p. W1.

3 Quem está progredindo e quem ainda está sem rumo?

NO MUNDO FRAGMENTADO de hoje, os jovens encontram-se divididos em grupos distintos, cada qual se deslocando num ritmo próprio por um caminho particular de desenvolvimento.

Alguns jovens, com habilidade e determinação impressionantes, percorrem um caminho bem definido em direção a um destino auspicioso. Outros movem-se gradualmente e com indecisão rumo a destinos que eles mal distinguem. Muitas vezes não têm certeza se estão indo para a frente ou para trás, e podem estar ou não numa direção positiva.

Há, ainda, outros que se mostram bastante satisfeitos como estão, nem um pouco preocupados se trilham algum caminho – embora a palavra "satisfeito" possa ser o termo errado para sua apatia.

Um grupo de jovens profundamente problemático está se dirigindo à autodestruição ou à violência contra os outros. A fim de ajudar as crianças a se tornarem mais motivadas, é útil conhecer que direção sua vida tomou até o momento.

Esses grupos distintos tendem a se socializar separadamente, e apresentam estilos, atitudes e aspirações notavelmente diferentes. Por essa razão, descrever a "juventude de hoje" em termos gerais é enganoso e inexato. Há um ponto comum, entretanto, que deve ser ressaltado: todos os jovens precisam de mais atenção e orientação dos mais velhos do que estão recebendo atualmente. Não estou me referindo aqui à intensa supervisão dos famosos pais superprotetores, mas a algo que é tanto mais profundo quanto menos invasivo, conforme discutirei no capítulo 6.

Neste capítulo, recorro à primeira de uma série de pesquisas sobre o desenvolvimento dos jovens que meus alunos e eu viemos conduzindo nos últimos sete anos com o objetivo de traçar o perfil desses distintos grupos e suas atitudes. As pesquisas foram em âmbito nacional, com dados coletados em cinco comunidades distribuídas nos Estados Unidos: um bairro decadente de uma comunidade urbana na costa leste; um subúrbio rico na costa oeste; uma pequena cidade do sul; e duas cidades heterogêneas em meio a regiões agrícolas.[1]

Desde 2003, coletamos os dados de mais de duzentos jovens com idade entre 12 e 26 anos, e entrevistamos a fundo aproximadamente um quarto desse número.[2] Primeiro, pedimos aos jovens que indiquem se, onde e no que encontraram projeto vital. Os entrevistadores então aprofundam-se nessas questões, perguntando por que a pessoa acredita que determinada atividade ou objetivo é significativo, o que a pessoa espera realizar na vida, no momento e no futuro, e que tipo de escolhas fez até então. (Veja nossa entrevista sobre projeto vital na juventude no Apêndice, p. 195.)

Neste capítulo, com base no estudo inicial que completamos em 2006, traçarei um retrato de como os jovens de hoje estão encontrando – ou não – projetos vitais. O quadro todo é, acredito, bastante desconcertante (com algumas notáveis exceções); ainda assim, não é completo. Nossas pesquisas não oferecem acesso à mente e aos sentimentos daqueles jovens que encontram-se seriamente perturbados e representam uma ameaça a si próprios e aos outros. Primeiro, porque essas pessoas geralmente não aceitam participar de pesquisas como essas. Além disso, nossos instrumentos são ajustados para extrair sentimentos positivos – as esperanças e as aspirações dos jovens, o que importa para eles e por quê, o que eles consideram inspirador e motivador. Por natureza, nosso método de pesquisa não é sensível a sentimentos como ira e tristeza nutridos por pessoas que cometem atos de violência. E não sei se, mesmo que um jovem tomado de ódio por acaso comparecesse a uma de nossas entrevistas, seríamos capazes de detectar, com base em nossas perguntas, o completo perigo que espreita no coração dessa criança.

Contudo, qualquer análise verdadeiramente completa sobre projetos vitais na juventude – ou sobre sua ausência – deve levar em consideração tanto comportamentos normais como anormais, e até antissociais, que superficialmente podem parecer ter qualidades similares ao projeto vital. Para abordar a questão de projeto vital antissocial, portanto, contarei com duas fontes além de minhas pesquisas: um relatório oficial do governo britânico sobre os ataques suicidas que ocorreram em Londres em 2005 e um relatório detalhado sobre o massacre de 1998, na Columbine High School, em Littleton, Colorado. Em ambos os casos, há informação suficiente para identificarmos o funcionamento do projeto vital (ou a falta dele) na mente dos jovens que estão inclinados à destruição.

FONTES DE PROJETOS VITAIS PARA O JOVEM

Embora, conforme já disse, generalizar o comportamento do jovem de hoje deixe de lado algumas diferenças vitais entre grupos diversos, penso ser extremamente esclarecedor observar os resultados coletados em nossas entrevistas.[3] Entre nossas preocupações estava descobrir quais eram as fontes de projetos vitais mais importantes para os jovens. Com isso, produzimos resultados informativos, e esses resultados apontam o caminho para áreas nas quais podemos encorajar nossos jovens – todos eles – a se engajar em atividades que considerem significativas.

Para a análise a seguir, Jennifer Menon Mariano e eu examinamos as respostas dos jovens à seguinte instrução: *Estamos interessados em descobrir quais são as coisas que você considera mais importantes, com base na quantidade de tempo e de energia que você emprega nelas. Por favor, circule, nos itens a seguir, o número que corresponde ao seu grau de dedicação.* Essa instrução foi acompanhada de uma lista com dezoito categorias, algumas das quais sem projetos vitais e basicamente autocentradas ("ter boa aparência", "dinheiro", "crescimento", "felicidade") e outras que refletem algum grau de projeto vital além do eu ("família", "carreira", "fé", "serviço comunitário", e assim por diante). Então, calculamos uma média de "dedicação" para todas as categorias, com e sem projeto vital, para determinar o grau de comprometimento de tempo e de energia que cada categoria exigia dos entrevistados.

Os jovens que responderam à pesquisa demonstraram dedicação às categorias com projetos vitais na ordem exposta a seguir. No topo, como principal preocupação, está a família; problemas políticos e sociais surgem como o último de seus interesses:

1. Família
2. Carreira
3. Realizações acadêmicas
4. Fé religiosa e espiritualidade
5. Esportes
6. Artes
7. Serviço comunitário
8. Temas políticos/sociais

Vemos que a família é a primeira entre as fontes de projetos vitais para o jovem de hoje. Para alguns, isso simplesmente significa permanecer próximo, e possivelmente ser cuidado pela família que o criou. Outros veem como meta principal criar e educar sua própria família. Para esses jovens, todas as suas outras metas – formar-se em uma faculdade, conseguir um emprego, morar sozinho – são direcionadas para que formem uma família.

Deveria nos surpreender o fato de que tantos jovens vejam a família como a primeira fonte de sentido de vida? Talvez esse número não fosse tão surpreendente se antigos estereótipos sobre meninas e mulheres fosse verdade. Se as garotas ainda fossem criadas para se verem primordialmente como mães de família, poderíamos esperar que essa metade da população concentrasse a busca de projeto vital na esfera familiar. Mas tais estereótipos estão há tempos obsoletos, pelo menos nas sociedades não tradicionais; e, na verdade, em nossas pesquisas descobrimos que não há diferenças entre meninos e meninas em sua designação de família como fonte de projetos vitais.

O que essa descoberta revela é que os jovens de hoje sentem-se conectados à família de tal maneira que causaria inveja a muitos das gerações anteriores. Essa noção de ligação é a base da comunicação íntima e frequente entre os filhos crescidos de hoje e seus pais, a que me referi anteriormente.

A parcela relativamente pequena que citou dedicação à fé como fonte de projetos vitais pode estar de acordo com a mais importante pesquisa sobre religiosidade entre os jovens. Uma investigação marcante sobre a juventude americana, conduzida há mais de 25 anos, na década de 1980, descobriu que 15% de seus participantes eram devotos fiéis, o que sugere que eles consideravam servir a Deus sua preocupação máxima.[4] Ao que parece, essa porcentagem de jovens altamente religiosos permaneceu razoavelmente estável em âmbito nacional durante as últimas décadas; mas, se isso continuará sendo verdade, considerando-se as quedas mais recentes que observei no capítulo 2, é outra questão.

O interessante é que, no estudo dos anos 1980, descobriu-se que a religiosidade desempenha papel distintamente positivo no desenvolvimento saudável. O estudo identificou vários fatores negativos que prognosticavam problemas no desenvolvimento (como pais violentos, vício em álcool ou drogas na família e distúrbios psicológicos e biogenéticos); mas a religiosidade estava sozinha entre os fatores positivos (como QI elevado, família rica e popularidade social) que, de maneira significativa, predisseram uma adaptação bem-sucedida durante a juventude. Isso mostra que o propósito baseado na fé tem o poder de encaminhar a vida em direções positivas, pelo menos para aqueles jovens que se tornam verdadeiros devotos. Ao se constatar isso, é importante observar, contudo, que esse estudo da década de 1980 não tentava medir o papel de fatores como esperanças, expectativas, aspirações declaradas ou crenças seculares – que me parece também serviriam para prever o desenvolvimento positivo se tivessem sido incluídos.

Entre as menos frequentes fontes de projetos vitais contemporâneas, a mais notável por sua baixa classificação em nossa coleta de dados é o interesse político e social. Poucos jovens hoje pensam se poderão encontrar projetos vitais na esfera pública como políticos, líderes civis ou comunitários. Na atual geração de jovens, há muito pouco anseio pela liderança pública. Na verdade, jamais deve ter havido um período na história norte-americana no qual uma proporção tão pequena da população com idade entre 20 e 30 anos procurou ou aceitou papéis de liderança em organizações cívicas. Não apenas os jovens não estão interessados nesses papéis, como é difícil achar uma figura pública em qualquer meio (exceto em esportes e entretenimento) que o jovem admire ou queira imitar. Na verdade, muitos jovens demonstram pouco interesse na sociedade além do círculo fechado de sua família e de seus amigos mais próximos. Essa falta de interesse pode ser conferida na sua pouca consciência cívica. Em uma avaliação feita há alguns anos pelo Departamento de Educação dos Estados Unidos, apenas 9% dos estudantes do ensino médio foram capazes de dizer por que é importante viver em uma democracia, e apenas 6% souberam explicar por que ter uma constituição beneficia um país.[5] Esse declínio com o compromisso político tem sido bem documentado também em outras pesquisas. Uma delas mostrou que, de 1966 a 2002, o interesse em assuntos políticos entre os calouros de faculdades caiu de forma gradual e constante *pela metade*, de 60% da população para menos de 30%.[6]

Há quase uma década, também detectamos essa tendência inquietante em outra pesquisa. Coletamos entrevistas detalhadas de pessoas que viviam em comunidades americanas historicamente importantes, e também examinamos dissertações de centenas de outros estudantes que escreveram sobre as leis e os projetos de vida no mundo de hoje.[7] O que nos deixa perplexos não é apenas o que esses jovens disseram, mas o que *não disseram*. Mostraram-se pouco informados sobre fatos atuais e não exprimiram nenhum sinal de preocupação social, opinião política, dever cívico, patriotismo ou senso de cidadania.

Quando perguntamos a um aluno o que representava para ele a cidadania americana, ele respondeu: "Nós aprendemos sobre isso outro dia na aula de História. Esqueci o que era". Outro, afirmou: "Quero dizer, ser americano não é muito especial... Não acho ser um cidadão americano muito importante". E outro: "Não sei, imagino que todos sejam cidadãos, então isso realmente não deveria significar nada". Um estudante disse, diretamente: "Não quero pertencer a nenhum país. Parece-me que é como ter uma obrigação para com o país. Eu não gosto desse negócio de ser cidadão... Não gosto de nada disso. É assim: cidadão, não cidadão, isso não faz sentido para mim. É tipo, ser um bom cidadão, eu não sei. Não quero ser um cidadão... Para mim é besteira". Essas declarações, é claro, não são universais: há alguns jovens que se dedicam a seu país com fortes sentimentos de compromisso cívico. Mas eles são exceção à regra.

Já a ideia de fazer carreira na política geralmente é vista com suspeita e aversão. "A maioria [dos políticos]... é meio desonesta", declarou um de nossos entrevistados. Outro estudante, também demonstrando atitudes típicas, disse: "Acho que uma pessoa não pode fazer muita coisa...

e tenho a impressão de que [a maioria das pessoas] não pensa que um grupo de pessoas possa fazer muita coisa". O cinismo é manifestado em relação à ação política em todos os níveis, até mesmo na escola. Questionada sobre como funciona a administração na escola, uma garota disse "O diretor e os vices provavelmente tomam as decisões, e dizem o que está acontecendo e não se preocupam com isso". Um sentimento palpável de futilidade – uma sensação de "para quê?" – é a postura da maioria dos estudantes em relação à participação política.

Embora alguns dos pesquisados considerem-se líderes entre os amigos, quase nenhum deles deseja ser um líder cívico ou político (houve apenas uma exceção em nossa amostra). Um garoto rejeitou a ideia dizendo: "Apenas não parece um bom emprego para mim. Eu preferiria estar concentrado em realizações mais artísticas em vez de feitos cívicos, ou salvar o mundo, ou coisas do gênero".

Isso é, de alguma forma, incomum e singular? Por acaso a juventude não foi sempre uma época de buscar prazeres pessoais e relacionamentos íntimos em vez de participação na sociedade civil? Os jovens alguma vez já foram guiados por um senso de dever cívico ou dedicaram-se a propósitos sociais e políticos além da própria vida diária? De fato, não há muito tempo no futuro para se interessar por tais coisas?

As desconfortáveis respostas a essas questões são: (1) sim, a atual falta de dedicação dos jovens a projetos vitais civis é incomum por quaisquer padrões históricos; (2) não, a juventude não é, por tradição, um período exclusivamente de objetivos pessoais em detrimento dos cívicos; e (3) muitos jovens normalmente são atraídos por questões cívicas e políticas no final da adolescência. Na verdade, há razão para crer que as orientações cruciais na vida de uma pessoa são incubadas durante a adolescência. Se a preocupação cívica não está entre elas, pode nunca surgir.

Todos nós temos lembranças, é claro, de épocas da história recente em que os jovens lançavam-se maciçamente na briga política. Uniam-se ao movimento dos direitos civis, faziam campanhas para políticos e *lobby* para proteção ambiental e protestavam contra ações do governo como a Guerra do Vietnã e os escândalos de Watergate. Para muitos, essa mesma dedicação mantinha-se até o final da vida. Um estudo sociológico do final do século XX mostrou que os jovens que marcharam pelos direitos civis na década de 1960 estavam muito mais propensos a mais tarde unir-se a associações civis, assumir posições de liderança cívica e votar.[8]

Tudo isso é motivo de alerta para o futuro de nossa república democrática. Como escreveu certa vez o legendário educador Robert Maynard Hutchins, "a morte da democracia provavelmente não será de assassinato por emboscada. Será uma extinção lenta devido à apatia, à indiferença e à subnutrição". Também preocupa aqueles que, como eu, creem que um forte senso de cidadania é parte essencial de uma personalidade completamente desenvolvida. Todas as teorias de desenvolvimento humano retratam a adolescência como o período em que o jovem formula sua identidade. O componente cívico de uma identidade é a sujeição a um sistema de crenças morais e sociais, um tipo de ideologia pessoal, com a qual o jovem assume compromisso. O compromisso particular, é claro, pode mudar nos anos subsequentes com a maturidade e a experiência, mas sua formulação inicial durante a adolescência é fator-chave no desenvolvimento humano. O florescer da identidade cívica torna-se a base para a dedicação à comunidade e, consequentemente, a toda a sociedade. Se tal dedicação perder-se através das gerações, tanto o bem comum futuro quanto o bem-estar pessoal de nossa juventude em desenvolvimento correm risco.

À guisa de conclusão sobre essas descobertas, eu arriscaria dizer que, embora a forte noção de projeto vital expressa por um significativo número de jovens na vida em família seja maravilhoso, o fato de que tão poucos afirmem que encontram significado similar no trabalho e na vida cívica mostra-se problemático. Gostaria de salientar que é vital que os adultos encontrem meios que inspirem mais empolgação nessas buscas, para que – como veremos traçando o perfil dos jovens altamente motivados que estudamos em detalhe – *cada um deles* encontre um projeto vital nessas áreas.

OS DESENGAJADOS, OS SONHADORES, OS SUPERFICIAIS E OS QUE TÊM PROJETOS VITAIS

Então, de que forma a juventude hoje se divide no que se refere ao projeto vital? Como vimos, nossa amostra nacional inicial de jovens identificou quatro grupos, que chamarei de *desengajados, sonhadores, superficiais* e *os que têm projetos vitais*.

Em resumo, os *desengajados* são aqueles que não manifestaram nenhum projeto vital em nossas avaliações ou entrevistas. Eles não fazem nenhum esforço que possa se tornar a busca de um objetivo nem mostram sinais de estar procurando tais objetivos. Alguns deles são apáticos e desinteressados; outros confinam seus interesses a buscas hedonistas ou egocêntricas que demonstram pouca preocupação com o mundo além do eu.

Os *sonhadores* são aqueles que exprimem ideias sobre projetos vitais que gostariam de ter – ideias por vezes inspiradas e imaginativas –, mas fizeram pouco ou nada para pôr em prática quaisquer uma delas. Eles têm aspirações idealistas e podem se imaginar fazendo coisas importantes para o mundo. Mas até agora fizeram muito pouco para pôr suas ideias em prática. Consequentemente, esses jovens não desenvolveram os planos práticos necessários na busca de um projeto vital realista.

Os *superficiais* estão engajados em atividades que parecem ter no mínimo propósito, mas prestam pouca atenção no significado dessas atividades além do presente; assim, demonstram poucos sinais de comprometimento nessas buscas com o passar do tempo. Pulam com frequência de uma atividade a outra sem demonstrar coerência com o que desejam realizar na vida. Podem ter tentado uma série de buscas atraentes – de fato, em alguns casos, tantas, que é até difícil registrar, mas ainda assim eles têm de encontrar uma razão atraente para sustentar o comprometimento com qualquer uma delas. Seus interesses são muito tentadores e fugazes para se tornar a base de uma identidade pessoal duradoura.

Os *que têm projetos vitais* são aqueles que encontraram algo significativo a que se dedicar, que sustentaram esse interesse por um período de tempo e que têm clara noção do que estão tentando realizar no mundo e por quê. Eles descobriram uma causa ou um objetivo final que inspira seus esforços no dia a dia e os ajuda a planejar um futuro coerente. Eles sabem o que querem realizar e por quê, e têm dado um passo atrás do outro para realizar suas ambições.

De acordo com os resultados de nosso primeiro estudo, 20% dos jovens entrevistados *tinham projetos vitais* e reuniam todas as características descritas anteriormente. Em outro extremo, encontramos 25% de *desengajados*, que não tinham projetos vitais nem demonstravam sinais de procurar por qualquer coisa vinculada a esse tipo de projeto. Descobrimos aproximadamente outros 25% de *sonhadores*, que aspiram a projetos vitais, mas deram poucos passos (se é que deram algum) para colocá-los em prática. E cerca de 31% eram *superficiais*; fizeram uma série de buscas nessa direção, mas sem saber por que ou se sustentariam esses interesses no futuro. A porcentagem atinge 101% por causa do arredondamento.

São os sonhadores e os superficiais que têm maior chance de mudar. Os que pertencem a esses grupos podem, a seu próprio modo, deslocar-se na direção de algo que lhes dê significado à vida. Ou poderão permanecer prostrados se seus caminhos não os levarem a uma causa ou a um compromisso que absorva sua energia e sua imaginação. Juntos, esses dois grupos abrangem a maioria da população de jovens, e, portanto, os riscos de sua jornada são especialmente altos. Nossa responsabilidade como adultos que os auxiliam em seus primeiros passos deveria ser evidente para todos nós.

A fim de detalhar o que pensa e fala o jovem nesses grupos, de expor o modo com que revelam sua falta de projetos vitais e de descobrir se determinado jovem está nesse ou naquele terreno, baseamos os perfis a seguir em alguns jovens de nossa pesquisa. Suas declarações são relatadas de maneira literal, embora eu tenha modificado seus nomes e alguns detalhes para proteger sua identidade.

Os desengajados

No capítulo 1, citei dois adolescentes que responderam às nossas entrevistas demonstrando clara falta de engajamento. Um dos rapazes alegou não ter objetivos de longo prazo, e o outro se gabou da sua política de "deixa estar para ver como é que fica". Ambos, cada qual à sua maneira, haviam aceitado conscientemente a apatia como um modo de encarar a vida.

A maior parte dos jovens desmotivados não é tão articulada nem tão consciente quanto esses dois rapazes. Os nossos entrevistados geralmente responderam às questões sobre projetos vitais com olhares vazios ou declarações do tipo: "Não sei, não penso muito nisso". Poucos aceitam sua falta de engajamento com tanta confiança como esses dois jovens: a maioria não está convencida de que apatia e preguiça são legais. Ainda assim, muitos jovens desengajados compartilham a noção de que ficar *à deriva* é um jeito razoável de passar a vida. Alguns aceitam isso como inevitável ("não se pode controlar o futuro, então, por que me incomodar?"), enquanto outros veem nisso uma maneira de "se divertir". Na verdade, para muitos desses jovens, divertir-se é a coisa mais próxima de um objetivo honroso. Eles podem até expressar certo interesse em obter um diploma, arranjar um emprego, ganhar muito dinheiro ou formar uma família, mas encaram tais objetivos como pouco mais do que meios para atravessar a vida com o mínimo de dor possível e o máximo de prazer. Para alguns, isso significa nada mais do que "seguir o roteiro" que outros apresentam a eles como necessário à adaptação. No final, guiam-se por preocupações com a subsistência ("sobreviver no dia a dia") ou hedonismo ("divertir-se"), em vez de visar a conquistas genuínas ou à realização pessoal.

Por exemplo: quando perguntamos a um rapaz como ele gostaria de ser lembrado, ele disse: "Engraçado... uma pessoa engraçada. As pessoas gostam de gente engraçada. São legais de se ter por perto. Quero apenas ser lembrado como alguém legal". Quando perguntamos sobre o seu futuro, ele respondeu: "Não procuro ter objetivos de longo prazo. Não penso tão longe no futuro distante. Não é importante ter metas". Quando perguntamos o que significava para ele ter uma boa vida, ele simplesmente disse: "Uma boa vida é quando você, vamos dizer, faz coisas que fazem você feliz. Contanto que eu esteja feliz, acho que tenho uma boa vida. Se não estiver mais feliz, aí já não é mais uma boa vida". Ele enumerou uma quantidade de atividades potencialmente construtivas que praticava no dia a dia, como ir ao colégio e fazer amigos, mas nenhuma dessas atividades tinha qualquer significado para ele a menos que ele as achasse divertidas. Por essa razão, ele não tinha motivo para se comprometer com nenhuma delas ou com quaisquer outros compromissos além do momento.

Uma moça de 20 anos que entrevistamos encarava a vida como uma sucessão de fatos sem planos organizados ou princípios mais profundos: "Cada dia que nasce é um dia diferente em que vai acontecer algo novo. É como se fosse um livro novo, cada dia é uma nova página; por isso, as páginas não se repetem, cada dia vai ser uma coisa diferente". Durante a entrevista, ela externou duas legítimas preocupações: fazer amigos e perder peso. Ambas as preocupações pareciam motivadas por desejos hedonistas (fazer amigos a fim de se divertir e perder peso para ter uma boa aparência). Ela declarou que achava importante concluir a faculdade "porque, afinal de contas, obter um diploma possibilita a qualquer pessoa fazer quase tudo. Ser formada, ser formada em qualquer coisa, é bom... Dá para ganhar mais dinheiro, ser feliz, comprar uma Ferrari, essas coisas. Embarcar em um cruzeiro de catorze dias ou algo assim, gastar 12 mil dólares e pensar 'Oh, isso não é nada'..." Ela citou um grande número de possíveis carreiras sem relação umas com as outras; porém, não tinha embasamento para escolher entre uma delas, pois nenhuma de suas preocupações tinha que ver com se perguntar o que desejava realizar e por qual motivo. Seu desejo de fazer amigos, ficar bonita e ganhar dinheiro não lhe fornecia muita orientação quando se tratava de formular um plano para o futuro ao qual pudesse se dedicar.

Do meu ponto de vista tanto de pesquisador como de educador, esse grupo de desengajados representa o maior desafio para pais e educadores. O desafio é entender quais, se é que existem, sentimentos esses jovens ocultam por baixo dessa capa de cinismo revelado em suas entrevistas. Suas bravatas ou despreocupação são genuínas? Ou são um disfarce para sentimentos de angústia e incerteza? Será que uma investigação mais profunda revelaria metas sobre as quais não estão preparados para falar em público?

À medida que formos avançando em nossa pesquisa ao longo dos anos, uma de nossas prioridades será descobrir mais sobre esse desconcertante e grande grupo de jovens sem compromissos. O desafio de trabalhar com jovens desengajados também deve ser uma das principais prioridades educacionais. Diferentemente do restante da população jovem, os desengajados não parecem oferecer um ponto de onde se começar. Se eles sequer estão buscando um propósito – de fato, se são hostis a quaisquer metas além dos prazeres do dia a dia –, como podemos ajudá-los a encontrar um rumo? Venho me debatendo com essa questão e sempre peço conselhos sobre isso a pessoas com experiência e conhecimento.[9] A resposta que recebo é sempre a mesma: devemos encontrar maneiras de mostrar a esses jovens a infelicidade que acarreta uma vida sem projetos vitais e, do lado positivo, a realização que o compromisso com um projeto vital proporciona. Nos capítulos 5 a 7 abordaremos essa difícil questão mais detalhadamente.

Os sonhadores

Sara é uma universitária brilhante, de alto desempenho. Em seu ano de caloura na faculdade, estudou artes, com ênfase em literatura inglesa. Ela tem uma ampla gama de interesses dentro e fora da sala de aula. É bem informada sobre os fatos atuais e as tendências culturais, tem uma vida social ativa e muitos amigos. Adora cinema e teatro, e, de vez em quando, interpreta protagonistas em produções teatrais estudantis.

Sara sempre expressa impulsos idealistas sobre seu desejo de fazer do mundo um lugar melhor. Às vezes, esses impulsos, embora sinceros, são de certa forma vagos, como quando ela diz: "Quero fazer alguma coisa boa. Quero mudar o mundo para melhor, porque me preocupo muito com o que acontece à minha volta. Quero fazer diferença". Outras vezes, suas aspirações começam a se concentrar em seu interesse no cinema: "Quero fazer filmes importantes, quer dizer, quero fazer um documentário sobre a dupla jornada que as mulheres têm de enfrentar". Mas, afora participar das peças estudantis e de produzir vídeos amadores, Sara pouco faz para se preparar para uma carreira séria que poderia tornar seus sonhos realidade. Em nenhum momento ela demonstra uma compreensão de que ser bem-sucedida no mundo altamente competitivo do cinema requer muito treinamento e trabalho duro; tampouco dá os primeiros passos para adquirir tal treinamento ou experiência.

Nessa área de interesse e aspiração, Sara tem um bocado de companhia. Há uma legião de estudantes de primeira linha hoje em dia que sonham em se tornar estrelas no cinema, teatro, televisão ou em qualquer das artes performáticas. Poucos vão realizar seus sonhos, em parte porque não há demanda suficiente para acomodar a todos como profissionais da mídia, mas também porque poucos deles têm a noção prática dos requisitos para esse tipo de carreira. Desenvolveram seu interesse na área mais como consumidores que se comovem ou distraem com as produções que os inspiram do que como estudantes e profissionais que precisam passar pelo duro processo de aprendizagem a fim de adquirir as habilidades necessárias para ser bem-sucedidos. Poucos estão preparados para o longo, incerto e frustrante caminho que terão de trilhar se por acaso tiverem a chance de pôr em prática suas ideias. As carreiras de destaque atraem sonhadores – esporte, bolsa de valores, viagens espaciais, poesia –, mas, nos dias de hoje, a indústria do entretenimento é o foco principal na mente de muitos dos melhores e mais brilhantes jovens. Alguns deles, mesmo entre os sonhadores, aprenderão a ir em frente do jeito certo; mas isso exige um compromisso que vai além do que Sara e outros como ela têm sido capazes de demonstrar até agora.

E ainda há o subgrupo de sonhadores que nem encontraram um foco, mesmo que irreal, para suas aspirações, como é o caso de Jimmy, de 17 anos, estudante do último ano do ensino médio que mora em um rico subúrbio da costa oeste. Os sentimentos de Jimmy são admiravelmente sinceros e bem-intencionados, embora nada práticos: "Eu acho realmente importante estar mais consciente do que acontece à sua volta e tornar-se mais conectado com as árvores e a natureza... todas essas coisas abstratas que, na verdade, estão muito ligadas. E na não violência, porque aqui há muita violência, e não só de maneira abstrata". Jimmy, como outros de seu grupo, precisará forjar seus ideais na bigorna da experiência, antes de começar a dar forma a um verdadeiro projeto vital.

Os superficiais

Robert, de 17 anos, é otimista em relação ao futuro e tem sólidas ideias sobre o caminho que deseja seguir. Diz que, depois do ensino médio, pretende "ingressar na carreira militar para ser um agente da inteligência". Depois disso, afirma: "Quero trabalhar para o governo... Muitas pessoas que trabalham para o governo são ex-militares – quero tentar o FBI ou a CIA". Robert tem dado duro para obter as notas necessárias para se formar e entrar para o serviço militar, e pensa em como essa carreira pode prepará-lo de maneira cuidadosa e inteligente. Na medida em que não se pode predizer qualquer coisa sobre o futuro de um rapaz de 17 anos, Robert parece estar se encaminhando para uma trajetória profissional segura e promissora. De certa forma, ele está mais orientado do que muitos daqueles que caracterizamos como "superficiais".

A principal coisa que se nota de incerto nos planos de Robert é sua compreensão do que ele obterá no serviço militar ou governamental. Seu foco se restringe aos privilégios e outros atrativos externos desses empregos, mais do que ao significado do trabalho real que estará executando. A principal razão de Robert para escolher essa carreira "é o prestígio que isso dá, e você poder dizer que tem um emprego realmente muito bom". Outro motivo é que "o serviço militar oferece a chance de conhecer o mundo. Sempre desejei viajar para o exterior e nunca tive condições".

Do ponto de vista pessoal, as razões de Robert parecem ser perfeitamente válidas, mas, no que se refere à sua motivação profissional e realização, ele acabará precisando compreender melhor o que está fazendo e por quê. Por ora, as imagens que projeta sobre a carreira que escolheu são quase tão românticas quanto um conto de fadas: "Força e honra", ele diz quando perguntamos o que o inspira no serviço militar. "É como ser um cavaleiro medieval." Sua imagem sobre a carreira no governo – o futuro que espera que o serviço militar lhe proporcione – é ainda menos definido. Robert descreve suas aspirações para essa carreira da seguinte forma: "Espero estar de volta aos Estados Unidos sentado em um escritório, a salvo..." e "provavelmente fico lá por vinte anos e depois me aposento... E, por essa época, devo estar rico".

Robert pode estar em uma fase de transição para um futuro com projetos vitais. Ele tem um bom plano para uma vocação gratificante, e, em muitos aspectos, sua maneira de pensar é realista e sensata. Por exemplo: ele pondera que "o serviço militar de fato vai me ensinar tudo que eu preciso saber sobre habilidades básicas e conhecimento básico sobre computadores e coisas desse tipo". Ele também sabe que o caminho que escolheu "exige muito de uma pessoa, exige muito do seu tempo", e tem demonstrado com suas notas na escola que está pronto para aceitar responsabilidades. E tem mais, quando discute sua visão sobre cidadania, Robert reconhece algumas contribuições militares positivas para a sociedade, no que se refere à importância de "estar protegido". Sua visão a esse respeito ainda é rudimentar e não guarda relação com sua visão pessoal do que ele fará nesse serviço; mas pode oferecer a ele o início de uma concepção mais madura de como ele poderia dar a sua contribuição um dia. Também um bom sinal, Robert, como a maioria dos jovens, espera ter uma vida consequente – ou, em suas palavras, "deixar minha marquinha no planeta".

Robert ainda está na busca, porque ainda não encontrou um projeto vital intrínseco no trabalho que aspira fazer. Seu foco em prestígio e viagens, e suas ideias irreais sobre a vida militar, emprestam a seus interesses uma qualidade "superficial". Para considerar esse trabalho significativo e capaz de realizá-lo em longo prazo – de fato, para que se dedique a esse trabalho de corpo e alma e se distinga nele –, Robert precisará descobrir seu projeto vital.

Os que têm projetos vitais

Casey é uma estudante universitária de 20 anos proveniente de uma área rural no meio-oeste. Criada em uma família de poucos recursos, ela trabalha desde os 14 anos em serviços temporários, e recentemente tornou-se gerente em meio período de uma lanchonete. A aspiração profissional de Casey é se tornar professora de história, e ela é claramente determinada em sua orientação para a vocação de ensinar. Mas o projeto vital fundamental de Casey é a família, e, depois, sua fé. Seus objetivos profissionais são importantes para ela, ainda que os veja apenas como parte dos múltiplos projetos vitais que encontrou para si.

Ao falar sobre suas prioridades, Casey diz: "Minha família é a maior prioridade para mim... Sempre fomos realmente unidos... Quero transmitir aos meus filhos as coisas que meu pai me ensinou e mostrou, e quero que isso continue, que a tradição de minha família seja continuada". A igreja também é uma de suas prioridades, mas ela diz: "A igreja não é tão importante para mim quanto a minha família". Casey, entretanto, considera que a fé fornece parte importante do significado do trabalho: "A Bíblia diz que o trabalho sem a fé é nada. Se você não tem fé, não vai a lugar algum... Isso meio que me deu uma direção e um objetivo para seguir adiante, o que tem me ajudado bastante".

Os planos de Casey são concebidos com aguda noção de missão: "Quero ensinar. Quero ser a melhor professora que conseguir ser. Ensinar não é um simples emprego. É um estilo de vida, não um serviço. É algo que se tem dentro de si ou não". O desejo de lecionar história que move Casey provém de sua insatisfação com a maneira como a disciplina é ensinada nas escolas, e ela está firmemente determinada a mudar isso: "Não se encontra um professor de história que realmente só deseje ensinar. Eles só ficam ali sentados e mandam ler o capítulo 1, façam essa lição, quero isso pronto para sexta-feira. Isso não ensina ninguém. É preciso tornar o assunto interessante... Essa é a razão que me faz querer ser professora de história. Eu adoro esse tema, e se você é capaz de torná-lo divertido, os alunos aprendem".

Alguns jovens com projetos vitais voltam-se para a família, a fé, o trabalho ou as aspirações da comunidade. Outros, como Casey, obtêm seus projetos vitais em várias dessas frentes. Em alguns casos, tais projetos podem ser acalentados e priorizados: meu trabalho é significativo, mas no fim das contas ele é importante porque me permite sustentar a minha família; ou, desejo ter uma família unida, a fim de que eu tenha estabilidade para executar meu trabalho adequadamente; ou, amo a minha família e cuido dela, o que é a parte principal de meus esforços para ser um bom cidadão e construir uma comunidade forte; ou, desejo fazer qualquer uma dessas coisas que foram descritas anteriormente, ou todas elas, como maneira de eu servir a Deus. Em outros casos, os projetos vitais coexistem como uma espécie de lista paralela, igualmente importantes e sem interseção uns com os outros. Um projeto vital também pode evoluir para um interesse novo ou ampliado. Por exemplo: alguém que é louco por programação de computadores interessa-se por montar um negócio no ramo da tecnologia de software. Embora os projetos vitais sejam assuntos razoavelmente estáveis e que exigem um compromisso em longo prazo, isso não quer dizer que não mudem. A juventude em si é um período dinâmico; é comum que os jovens combinem ou recombinem seus projetos vitais à medida que descubram mais sobre si mesmos e sobre a natureza de suas maiores preocupações.

Nesse grupo dos que têm projetos vitais claros também se encontram alguns poucos jovens que são realmente extraordinários pela profundidade de seu compromisso e pelas notáveis conquistas que já obtiveram. Alguns ainda estão no meio da adolescência e já fazem diferença para a comunidade – e, em alguns casos, para o mundo. Estão angariando fundos para caridade, batalhando por mudanças sociais, começando pequenos negócios, experimentando novas formas na música, na arte e na ciência da computação, praticando sua fé religiosa, demonstrando espírito empreendedor e trabalhando pelo avanço de inúmeras causas nobres. Embora a atividade deles esteja longe de ser a regra, a vida deles, em muitos aspectos, não é tão diferente da de outros adolescentes que estão progredindo. Temos muito a aprender com o seu sucesso precoce.

OS EXTREMAMENTE PERTURBADOS

Nenhuma análise dos projetos vitais pode ser completa sem uma discussão franca sobre as formas nocivas que estes podem assumir quando desvinculados de amarras morais e éticas. Infelizmente, certas pessoas que aparentam estar orientadas por um "projeto vital" podem causar graves danos a si próprias e a outros. É claro que existem diferenças cruciais entre os "projetos vitais" antissociais perseguidos por pessoas perturbadas e os projetos vitais que inspiram as pessoas em direção a fins positivos. Mas há também similaridades entre esses dois tipos de projeto, especialmente com relação ao tipo de energia e paixão que podem despertar nos jovens. Justamente por haver hoje em dia número significativo de jovens engajados em atos de destruição maciça, sem perspectiva alguma de melhora, é urgente que tentemos entender tudo que pudermos sobre o que motiva esse tipo de comportamento, e aprendamos a identificar projetos vitais antissociais.

Todo caso de violência tem circunstâncias particulares. Atos nocivos durante a juventude normalmente são causados por múltiplos fatores. Uma explicação completa sobre tal comportamento exige uma análise de todas as questões sociais e psicológicas que podem estar envolvidas. Não farei essa análise completa aqui. Em vez disso, concentrarei a atenção no papel que um projeto vital equivocado pode desempenhar, com a noção de que outros processos de inadaptação social e psicológica também podem contribuir para esses incidentes.

Em 7 de julho de 2005, quatro bombas coordenadas devastaram o sistema público de trânsito de Londres. As três primeiras atingiram três trens do metrô quase simultaneamente, e a quarta bomba explodiu em um ônibus de dois andares uma hora mais tarde. O ataque matou cinquenta e seis passageiros e feriu quase setecentos. O governo britânico identificou quatro jovens – um de 18 anos, um de 19, um de 21 e outro de 30 anos – como perpetradores dos ataques. Todos eles morreram nas explosões. Mas, em um relatório perspicaz, a Câmara dos Comuns fornece uma ideia do que se passava na mente desses quatro rapazes.[10]

A observação mais assombrosa, até mesmo arrepiante, é que seus antecedentes "parecem absolutamente banais". As experiências que moldaram o início de suas vidas pareciam não diferir muito das de seus colegas; e o seu comportamento até o episódio das explosões parecia razoavelmente natural. O mais velho dos quatro, que o relatório identifica como o cabeça do grupo, era lembrado como "quieto, estudioso e nunca metido em confusões". Um dos outros "saiu-se bem academicamente e era um talentoso desportista"; na escola, esse rapaz era lembrado como "calmo, simpático, amadurecido, modesto e querido pelos colegas". Um terceiro fora "uma criança brilhante, bem-sucedido academicamente e bom nos esportes". De fato, todos eles praticavam esportes avidamente e participavam de atividades como canoagem, *rafting* e acampamentos, o que normalmente pode fazer parte de um estilo de vida saudável para os jovens.

Mas a vida deles também continha elementos perturbadores, fora do contexto comum. O relatório comenta que "houve uma súbita alteração na personalidade do líder... ele passou a ser menos comunicativo e mais introvertido. Em algumas ocasiões, demonstrou uma intolerância que não combinava com sua maneira despreocupada de ser". Essa intolerância tinha base em opiniões extremistas que começaram a influenciá-lo e aos três outros rapazes. Na véspera das explosões, como vinham se tornando cada vez mais arrebatados pelo fervor nesses pontos de vista extremistas, produziram um vídeo expressando as ideias que os orientavam. Suas afirmações eram ao mesmo tempo furiosamente idealistas e sombriamente espiritualizadas, como "nossa motivação não vem dos bens tangíveis que esse mundo pode oferecer... mas da obediência ao único e verdadeiro Deus"; e "amamos a morte da maneira como vocês amam a vida".[11] Essa última declaração é uma referência ao valor do martírio, que, segundo o relatório, é o centro da ideologia que motivava esses jovens.

Não se pode negar que "a motivação" experimentada pelos rapazes em questão tem algo em comum com os sentimentos expressados pelos jovens que se dedicam a projetos vitais pró-sociais. Os motivos professados pelos jovens ingleses eram emblemáticos na medida em que demonstravam *um intenso compromisso com seus ideais*; *um desejo ardente de "fazer diferença" no mundo*; *a intenção de reparar uma injustiça percebida*; e *crenças espirituais que apoiem e guiem seu compromisso*. Além disso, esses jovens perturbados, de forma muito parecida com aqueles que são altamente dedicados a projetos vitais pró-sociais, *sustentam seus compromissos por longos períodos* e *engajam-se em planejamentos de longo prazo para cumprir sua missão*. Por último, eles eram *fortemente influenciados pelo exemplo e pela atuação na defesa de uma causa de mentores adultos* que eles admiravam e procuravam imitar, novamente muito semelhante aos jovens altamente motivados por projetos vitais pró-sociais. Em todos esses sentidos, tanto os jovens com projetos vitais antissociais quanto pró-sociais têm qualidades em comum que não são compartilhadas com os jovens desengajados, sonhadores ou superficiais.

A grande diferença entre os dois tipos reside na natureza contrastante dos projetos vitais adotados. Aqueles que se voltam para o pró-social promovem a vida, pois não celebram a morte ou a destruição. O jovem pró-social também não assume que a violência seja um meio legítimo de chegar a um fim, ainda que nobre; e não considera a vida das outras pessoas dispensáveis na perseguição de seus objetivos; ao contrário, vê essas vidas como um fim em si mesmas que deve ser protegido. Quanto à própria vida, ele está preparado para dedicá-la entusiasticamente aos projetos vitais escolhidos, mas deseja atingir seus objetivos não pela morte, mas *vivendo* de maneira a realizar sua noção de quem é e do que quer ser – ou seja, de uma maneira coerente com sua identidade recentemente forjada.

Em 20 de abril de 1999, do outro lado do Atlântico, dois adolescentes, Eric Harris e Dyan Klebold, massacraram doze colegas de escola e um professor no infame episódio em Columbine High School. Esses dois rapazes apresentavam muitas dessemelhanças com os terroristas suicidas de Londres, entre elas, características psicológicas e ideologias profundamente diferentes. Mas certas coisas eles tinham em comum: um desejo ardente de fazer diferença no mundo; a celebração da morte; a ideia de que suas ações têm aprovação espiritual; a capacidade de sustentar sua determinação por longo período; a habilidade de colocar em prática seus planos de longo prazo; e uma tendência a ser influenciado por exemplos anteriores. Em seu diário/notebook um dos rapazes escreveu: "Quero deixar uma impressão marcante no mundo".[12] O outro, em seu "testamento", escreveu: "Que graça tem a vida sem um pouquinho de morte?"

Harris e Klebold deixaram novecentas páginas de documentos que detalhavam suas queixas e seus planos de vingança. Além disso, criaram páginas na internet e vídeos que expressavam sentimentos de grandeza como "vamos deflagrar uma revolução dos dispossuídos".[13] Muitos dos documentos datam do ano anterior aos assassinatos, e há evidências de que os rapazes passaram tempo considerável planejando a atrocidade. Há muitas citações de clássicos da literatura; em suas horas finais antes dos disparos, eles se filmaram falando sobre referências religiosas, como o Juízo Final e o Apocalipse.

Se esses rapazes estivessem perseguindo objetivos pró-sociais, toda sua energia, planejamento e ávida persistência se apresentariam para nós como perfeitas características dos jovens inspirados por projetos vitais nobres. É claro que esses jovens, sem dúvida, eram perturbados em muitos sentidos, e seu projeto vital antissocial aflorou no contexto dessas perturbações. Ao longo dos anos, à medida que especialistas examinarem a quantidade de documentos que esses jovens tragicamente inteligentes deixaram para trás, mais se saberá sobre seu estado de saúde mental enquanto eles planejavam e cometiam o massacre. Por ora, devemos concluir que, por mais que existam aparentes coincidências entre projetos vitais pró-sociais e antissociais, eles diferem tanto que, de fato, não se pode falar sobre os dois aspectos de uma só vez. Tais projetos originam-se de pontos de vista radicalmente opostos sobre como "fazer diferença" no mundo, e contrastam profundamente em suas concepções de como as outras pessoas devem ser tratadas. E, o mais importante: projetos vitais pró-sociais asseguram a vida e obedecem aos padrões tradicionais legais, morais e éticos; ao passo que os antissociais celebram a morte e ignoram quaisquer padrões que se interponham no caminho do intento nocivo.

Um jovem pode seguir vários caminhos para chegar a um projeto vital antissocial, mas algo pode ser dito na maioria desses casos: o jovem não teve oportunidades suficientes de encontrar um projeto vital pró-social que pudesse substituir a atração pelo antissocial. Qualquer vácuo, seja físico ou psicológico, no final acaba sendo preenchido.[14] Se não fornecermos aos jovens orientação positiva que inspire seu comportamento, eles procurarão orientação de tipo menos positivo. Obviamente, quando se trata de perceber se – e como – as crianças estão desenvolvendo uma noção de projeto vital, todos os adultos e educadores devem estar atentos a qualquer tendência antissocial.

Jovens que encontram projetos vitais nobres são idealistas de uma maneira otimista, não de forma raivosa ou egocêntrica. Aprendem a traduzir seu idealismo em realismo, mas não transformam seu realismo em cinismo ou niilismo. Não têm problemas em evitar tendências autodestrutivas e violentas, pois encontraram projetos vitais que os inspiram a preencher a vida com atividades positivas.

Em nossos estudos, procuramos descrever a situação dos jovens de hoje no que se refere à descoberta de projetos vitais, mas também tentamos identificar os elementos-chave que fazem diferença para aqueles que são bem-sucedidos. Queremos apontar o que os pais e a sociedade podem fazer para ajudar efetivamente o jovem a tomar o rumo certo. Com esse objetivo, decidimos entrevistar a fundo doze jovens que têm projetos vitais extremamente claros. Eles são motivados, engajados, felizes e profundamente comprometidos com uma busca na qual encontraram grande plenitude. Os resultados foram gratificantes: em todos os casos fomos capazes de perceber um conjunto comum de fatores-chave que os havia auxiliado. No próximo capítulo, examinaremos com atenção esses fatores e o papel que desempenham, a fim de entender como a sociedade vem deixando tantos dos nossos jovens ao deus-dará. Depois, examinaremos de que maneira pais, educadores e outros adultos presentes na vida dos jovens podem ajudá-los a encontrar seu caminho.

NOTAS

1   Os locais eram, respectivamente: Trenton, Nova Jersey; Santa Clara County; uma cidade do Tennessee; Fresno, Califórnia; e Stockton, Califórnia.

2   Como observei no capítulo 1, os resultados quantitativos relatados neste livro baseiam-se principalmente nas quase cinquenta entrevistas e quatrocentas coletas de dados que conduzimos na primeira fase do nosso estudo, finalizada em 2006. Algumas poucas análises e exemplos foram retirados de um grande número de entrevistas subsequentes que conduzimos em 2007, mas, por ocasião da produção deste livro, o total desses dados recentes ainda não havia sido analisado. Ao longo dos próximos anos, analisaremos os dados coletados e as entrevistas de nossos estudos mais recentes, e continuaremos também a recolher dados novos e substanciais. Nos próximos cinco ou dez anos relataremos nossa próxima rodada de descobertas em periódicos científicos.

3   Todos os resultados relatados neste capítulo são aproximações de nossa primeira rodada de estudos, completada em 2006. Os números exatos provavelmente serão modificados à medida que formos analisando dados adicionais das pesquisas que conduzimos atualmente. Assim que descobertas novas ou revisadas surgirem, serão relatadas em periódicos científicos e profissionais.

4 GARMEZY, N. "Stressors of childhood". In: GARMEZY, N.; RUTTER, M. (orgs.). *Stress, coping, and development in children*. Nova York: McGraw-Hill, 1983.

5 HEDGES, Chris. "35% of high school seniors fail national civics test". *New York Times*, 21 nov. 1999.

6 *THE CIVIC and political health of the nation: National Youth Survey of Civic Learning and Engagement 2002*. Center for Information and Research on Civic Learning and Engagement, University of Maryland, 2002.

7 VERDUCCI, Susan; DAMON, William. "The outlooks of today's teens". In: LERNER, Richard; LERNER, Jacqueline (orgs.). *Adolescents A to Z*. Nova York: Oxford University Press, 2000.

8 MCADAM, Doug. *Freedom summer*. Oxford: Oxford University Press, 1990.

9 Uma das respostas memoráveis que recebi para esse quebra-cabeça foi do Dalai Lama, durante um "diálogo" público que tive com ele em setembro de 2006. Depois que apresentei minhas descobertas sobre os jovens e seus objetivos de vida (descobertas que relato neste capítulo), fui convidado a formular uma questão. Perguntei o que fazer a respeito das crianças que não parecem interessadas em encontrar um projeto vital. Ele respondeu que a solução era impressioná-las vivamente com "os altos e baixos" – os benefícios de encontrar um projeto vital e os danos da falta deste. O diálogo na íntegra pode ser encontrado em: http://ed.stanford.edu/suse/news-bureau/displayRecord.php?tablename=su senews&id=186.

10 "REPORT on the official account of the bombings in London on 11 May 2006". House of Commons, Westminter, Reino Unido.

11 A primeira citação é do relatório da Câmara dos Comuns; a segunda é do artigo da Wikipedia sobre as explosões (http://en.wikipedia.org/wiki/July_7_bombings).

12 Relatado no *Denver Post*, 7 jul. 2006.

13 Revista *Time*, 20 dez. 1999, p. 42.

14 Trata-se, é claro, de uma reminiscência de um ditado que muitos de nós escutaram na infância: "Mente vazia, oficina do diabo". O valor educativo dos ditados para o aprendizado social e moral é comentado no último capítulo.

4 Perfis de projetos vitais

OS JOVENS QUE FORMAM a minoria dentro da minoria dos que têm projetos vitais são fortemente motivados e extremamente eficientes. Foram bem-sucedidos, ainda muito jovens, em avançar em seus projetos vitais de uma maneira que impressionaria pessoas muito mais velhas. Para nossa pesquisa, selecionamos doze meninos e meninas que assumiram compromissos importantes e permaneceram fiéis a eles, muitas vezes com efeitos notáveis, durante muitos anos. Eles foram entrevistados a fundo, a fim de obtermos em primeira mão os relatos de como cada um deles descobriu e perseguiu seu projeto vital. Mantivemos contato com todos, exceto um, e os entrevistamos novamente dois anos depois; e, sempre que possível, pedimos a seus pais também que nos contem como os filhos estão na busca de seu projeto.

Alguns dos objetivos desses doze jovens impressionantes são altruístas – por exemplo, levantar fundos para obter água potável para famílias na África ou contribuir para organizações de caridade que ajudam vítimas do câncer e pesquisam formas de combater a doença. Outros estão envolvidos com causas cívicas ou políticas, pressionando a favor do maior controle de armas ou pela legislação ambiental, e arregimentando apoio para candidatos com soluções para a paz no Oriente Médio. Alguns perseguem ideais artísticos ou científicos – aprendendo e criando novas escalas de jazz ou produzindo programas de computador inovadores. Alguns dos jovens estão florescendo como empreendedores; e dois deles são missionários, cada qual promovendo uma fé religiosa diferente.

Nosso foco neste capítulo recairá nas histórias de quatro desses doze jovens, com exemplos ocasionais de alguns dos outros, já que as experiências dos escolhidos representam muito bem temas coerentes que foram levantados em todas as entrevistas. Ao examinarmos sua história, e ouvirmos diretamente deles como foram inspirados e motivados por seus projetos vitais, vieram à tona muitas lições de como esses projetos podem ser lapidados cedo na vida.

Pela duração e pela intensidade de sua dedicação, esses jovens são realmente excepcionais. Ainda assim, eles transmitem normalidade reconfortante àqueles que os conhecem: encaram a vida com tranquila, porém determinada autoconfiança, e são motivados. Mesmo com tudo que fazem, raramente transpiram angústia ou estresse. Pode parecer estranho, ou até mesmo contraditório, começar a apresentação de doze jovens extraordinários observando como são normais em vários sentidos (entre outras coisas, na vida familiar e na maneira como foram criados, em seu interesse em amizades e atividades em grupo, em seu desejo de conquistar um lugar no mundo e em seu comportamento no dia a dia). Muitos deles, inclusive, comentam sobre isso, talvez sentindo que precisam frisar esse ponto em meio a tanto reconhecimento por suas conquistas. "Apenas um jovem normal" é a frase frequentemente repetida em muitas das entrevistas. Uma das mães, fazendo coro com a própria descrição do filho, contou-nos que Ryan é "comum, normal em relação ao que você esperaria de uma criança... Não agi com ele de forma diferente do que agi com meus outros filhos... Ele não quer ser especial. Ele quer se adaptar. Ele quer integrar o time de futebol... Quer dizer, ele é normal".

De fato, essa paradoxal normalidade é o que primeiro nos chama atenção nesses jovens. Como a maioria de seus pares, se tiverem a oportunidade de falar sobre a própria vida, eles são francos, sociáveis e conversadores. Demonstram claramente valorizar a oportunidade de falar com adultos que levem suas ideias a sério (uma experiência rara para os jovens em qualquer sociedade). Ávidos em refletir sobre suas experiências passadas e metas futuras, eles também mostraram--se bastante autônomos em suas opiniões e nem um pouco hesitantes em criticar o que está acontecendo no mundo à sua volta. Na verdade, eles parecem ganhar energia extra e um pouco de alegria irreverente, ao expressar até que ponto sentem-se horrorizados com problemas que precisam ser resolvidos. Eles são, em outras palavras, adolescentes normais que se parecem, de muitas maneiras, com outros jovens de sua idade.

A normalidade desses adolescentes altamente determinados em sua aparência, postura e quanto ao desenvolvimento torna-os de particular interesse para nós. Se tais jovens fossem criaturas estranhamente desenvolvidas, que tivessem pouco em comum com seus iguais – por exemplo, se tivessem QIs ou habilidades físicas fora dos padrões –, sua história teria pouco a contar acerca de como o propósito pode trabalhar na vida diária de outros jovens. Professores de música que procuram ensinar habilidades básicas e apreciação musical a estudantes típicos não encontrarão dicas muito úteis na biografia de Mozart. Quando se trata da questão maior da busca humana de projetos vitais, felizmente, há mais ligação entre o comum e o extraordinário. Toda pessoa, não importa quão talentosa ou dotada, tem a capacidade de encontrar um projeto vital e comprometer-se firmemente com ele.[1] Além disso, o processo de procurar um projeto vital e dedicar-se a ele, e os benefícios pessoais que advêm disso, são similares para todos.

O especial sobre esses jovens altamente motivados é a sua excepcional clareza sobre o projeto vital, que gera neles muita energia positiva extra, que não só os motiva a perseguir seus objetivos apaixonadamente, mas também a adquirir as habilidades e o conhecimento necessários para essa tarefa. No processo, eles tornam-se excelentes aprendizes, e desenvolvem eficiência prática incomum para as pessoas de sua idade. Eles também colhem muitos benefícios emocionais, como autoconfiança, otimismo, gratidão e um profundo sentimento de realização pessoal.

Ryan Hreljac tinha 12 anos na primeira vez em que entrevistamos a ele e a sua mãe. Naquela época, ele já trabalhava havia seis anos para levantar fundos para a construção de poços de água potável em regiões rurais da África onde famílias precisam de água para as necessidades diárias. Sua mãe comentou, quase espantada: "Ele já está nisso há seis anos. Não conheço muitos adultos que seriam capazes de permanecer em um projeto por seis anos!" Com a ajuda da família, Ryan deu início a uma fundação, criou uma página na internet (www.ryanswell.ca) e levantou mais de dois milhões de dólares para levar água limpa a residências em quatorze países em desenvolvimento na África e em outras partes do mundo. Por esses esforços notáveis, Ryan conquistou diversos prêmios, inclusive o World of Children Founder's Award, considerado o equivalente do Nobel da Paz para as atividades juvenis.

Ryan descobriu seu projeto vital na primeira série – espantosamente cedo até mesmo para jovens altamente determinados. Quando sua professora contou aos alunos que as crianças na África estavam morrendo porque não dispunham de água limpa para beber, Ryan ficou apaixonado pela ideia de levantar dinheiro para construir poços. Ele executou serviços extras em casa e poupou 70 dólares, mas achou que essa formidável quantia (para uma criança de 6 anos) não ajudaria muito a solucionar o problema. Em vez de ficar desencorajado e desistir, Ryan intensificou seus esforços. Arrecadou dinheiro entre seus colegas e pessoas que conhecia e solicitou apoio financeiro de organizações sem fins lucrativos como a WaterCan, a Free the Children e a Canadian Physicians for Aid and Relief. Não demorou muito e, em parte em consequência dos esforços de Ryan, poços e outros projetos de obtenção de água potável começaram a surgir em muitas partes da África e em outros países do Terceiro Mundo. Em 2007, a fundação de caridade que Ryan e sua família iniciaram – a Ryan's Well Foundation –

· O QUE O JOVEM QUER DA VIDA? ·

já havia construído 319 poços de água potável em catorze países ao redor do mundo. Por essa época, a página da fundação na web estimava que quase meio milhão de pessoas agora tinham mais acesso a água limpa em consequência dos esforços da fundação e daqueles que a apoiaram. Ainda assim, no mesmo espírito de outros jovens altamente determinados que estudamos, a mesma página na internet cita Ryan: "Sou apenas um menino normal, mediano".

Em meio a todos seus prêmios e honrarias, a recusa de Ryan de ser enaltecido é reveladora. Ele compartilha com outros jovens altamente determinados a perspectiva realista de suas próprias contribuições: Ryan é determinado a fazer diferença no mundo, mas não se vê como especial ou superior por isso. "Todos podem fazer alguma coisa", contou-nos ele, "não importa quem você é, não importa se você é um frentista ou o presidente dos Estados Unidos". Ele acredita que as pessoas deveriam contribuir com o que pudessem fazer de melhor, e que todos têm um papel a desempenhar: "Você precisa destacar-se e fazer algo pelos outros. Quer dizer, fazer alguma coisa, seja pequena ou grande, para ajudar os outros, o importante é ajudar". Quanto a si próprio, Ryan tem intenção de ir além: "Quero ultrapassar os meus limites e ver até onde chego". Essa combinação de ambição e de humildade é um dos sinais mais característicos – e reconfortantes – dos jovens altamente determinados que entrevistamos.

Se tal combinação é uma causa ou efeito da eficiência dessas pessoas é impossível dizer; mas, certamente, é elemento central na força de caráter que os capacita a enfrentar desafios de enormes proporções em idade tão tenra. Fazer diferença requer tenacidade (os problemas que os preocupam são persistentes, do contrário, já teriam sido resolvidos) e também otimismo (é fácil tornar-se desencorajado quando os problemas subsistem, a despeito de seus maiores esforços). Mesmo que sua ambição alimente sua tenacidade, sua perspectiva realista a respeito de si mesmos os mantêm otimistas diante dos inevitáveis revezes. Ao reconhecer os próprios limites (e os de todos), eles resistem à tentação de alimentar expectativas irreais que poderiam levá-los ao desencorajamento.

A narrativa de Ryan de como teve início a sua missão é um grande ponto a favor de meu argumento. Ele começou com a visão equivocada de que poupando 70 dólares resolveria o problema. Quando descobriu que o custo real de um único poço girava em torno de dois mil dólares, simplesmente intensificou os seus esforços e adotou estratégias mais elaboradas, confiante de que sua persistência acabaria rendendo frutos:

> Então, depois de quatro meses passando o aspirador na casa, consegui 70 dólares... E eles disseram para mim, sabe Ryan, custa bem mais do que 70 dólares para construir um poço. Essa quantia só é suficiente para a bomba manual que vai no alto dele. Vai custar dois mil dólares para construir o poço. Quando eles me disseram isso, eu simplesmente disse que queria mais serviços. Então, quando consegui juntar 100 dólares, percebi que não iria conseguir o que precisava apenas passando o aspirador. Aí, comecei a dar palestras e a fazer apresentações... Comecei a crescer passo a passo. Atingi os dois mil dólares e continuei. Então, todas essas coisas aconteceram. E mais outras. Levantei mais dinheiro e continuei em frente até o próximo nível.

O otimismo inicial que apoiou sua persistência foi alimentado pelos resultados que ele foi capaz de alcançar. Nesse sentido, há um efeito bola de neve para tal força de caráter precoce, demonstrada na autoconfiança, na humildade realista, no otimismo, na persistência. Essas virtudes são reforçadas pelo sucesso que proporcionam, e se fortalecem ao longo do desenvolvimento, enquanto o jovem descobre novos caminhos em que empregar suas forças para atingir seu propósito. Por isso é tão importante que os pais cultivem essa força de caráter em seus filhos desde o início.

Embora nunca seja tarde para que a criança adquira essa força, começar cedo pode ser vantajoso. Há forte conexão entre a infância e os períodos posteriores da vida, e os jovens que experimentaram uma história de conquistas geradas por eles próprios têm a oportunidade única de ampliar a força de caráter de maneira cumulativa ao longo dos anos de desenvolvimento.

É importante frisar que, enquanto a busca do projeto vital facilita o desenvolvimento dos componentes da força de caráter – como o otimismo e a autoconfiança –, ela em si não gera esses elementos. Sabemos, por recentes pesquisas da mente e do comportamento, que a disposição de caráter tem início cedo na infância e, em certo grau, são inatas.[2] Mas essa disposição é suscetível a mudanças durante todo o desenvolvimento: por exemplo, muitos jovens extremamente inibidos perdem a timidez ao interagir positivamente com outros durante a infância.[3] Perseguir apaixonadamente um projeto vital engaja os jovens em experiências de vida que provavelmente elevarão seu otimismo e sua autoconfiança. Para alguns, isso significa fortalecer tendências que já estão lá; para outros, alterar disposições de comportamento que levam a outras direções. O segundo caso também revela que a busca do projeto vital não depende de nenhuma disposição de caráter já existente. Ryan, por exemplo, nem sempre foi uma criança cheia de autoconfiança. "Em minha infância", ele nos contou, "eu era um menino muito sensível. Chorava por tudo. Fiz terapia da fala porque gaguejava. Jamais pensei que pudesse ser um líder". Agora, depois de anos de liderança na causa em que acredita, Ryan é autoconfiante, tranquilo e forte, à sua própria maneira.

Quando o entrevistamos aos 12 anos, Ryan usou metáforas eloquentes ao nos falar do significado pessoal de seu projeto vital:

Às vezes, é como quando você está com uma xícara de chá ou outra coisa. Muitos de nós despejamos muito e o chá transborda para o pires. Algumas pessoas simplesmente pegam o pires e bebem o chá que caiu nele. Mas o que deveríamos fazer é pegar o líquido extra e derramar na xícara de alguém que tem tão pouco.

A vida sem o objetivo de fazer alguma coisa, de fazer diferença, é como uma corrida sem uma linha de chegada. Você pode crescer, viver uma boa vida, ser bem-sucedido, mas, talvez, depois de conseguir aquela casa, você devesse fazer algo pela comunidade, para poder avançar mais na vida.

Aos dezenove anos, Nina Vasan tinha acabado de iniciar o seu segundo ano em Harvard quando a entrevistamos pela primeira vez. Nina brilhava em várias frentes: participava de competições esportivas, apresentava seu próprio programa de rádio, recebeu os 50 mil dólares do grande prêmio da Feira Internacional Intel de Ciência e Engenharia, apresentou sua pesquisa durante os festejos do Prêmio Nobel, foi escolhida uma das dez mais entre as Garotas Escoteiras da nação, conduziu a tocha olímpica e venceu o desfile de *miss junior* representando a Virgínia Ocidental. Coroando tudo isso, o mais importante: Nina fundou e atua como presidente nacional da American Cancer Society Teens, rede nacional de adolescentes que trabalha para apoiar a missão da ACS por meio da educação, da arrecadação de fundos e de prestação de serviços. Inicialmente, ela iniciou com um grupo adolescente em seu estado; depois, o expandiu a ponto de ter representações nos cinquenta estados americanos. A ACS Teens encoraja jovens a se tornar agentes de saúde por meio de atividades como grupos de pressão contra o tabagismo em locais de trabalho, elaboração de material educacional sobre os cuidados da pele, criação de grupos de apoio para crianças sobreviventes do câncer e arrecadação de fundos por intermédio do Relays for Life* juvenil.

Nina descobriu seu projeto vital ainda pequena. Ela se lembra que era uma criança curiosa e falante e, aos 5 anos, conheceu um homem cuja laringe havia sido removida por causa do câncer:

---

* Evento que arrecada fundos anualmente para a ACS. [N. T.]

Eu apertei os olhos tentando entender a figura que se aproximava aos poucos. Um som sibilante emanava continuamente daquele desconhecido. Ele ergueu a mão trêmula lentamente para cobrir o buraco cavernoso em seu pescoço e, com uma voz quase incompreensível, tartamudeou: "Ouliaá". Normalmente sociável, eu estava atônita e sem fala. Mais tarde, soube que aquele homem, que lutava para dizer um simples "Olá" a uma criança impressionável, fumou muito antes que a sociedade conhecesse os riscos do tabaco. Embora o câncer tenha roubado a sua fala, a mensagem que ele me passou sobre fumar direcionou a minha vida.

Testemunhar pessoalmente a dura realidade da doença foi a experiência à qual Nina atribui seu senso de projeto vital. Ela nos contou que, depois de ver os graves efeitos do tabaco, a despeito de ser ainda apenas uma menininha usando rabo de cavalo e óculos grandes demais, dizia corajosamente a estranhos "por favor, pare de fumar". Foi esse espírito imperturbável que levou Nina a se envolver com a American Cancer Society, quando procurava maneiras eficazes de fazer diferença.

Uma lição que Nina tirou desse episódio foi a de como o projeto vital pode elevar e transformar a vida:

Essa vítima do tabaco compreendia a importância da educação na prevenção da doença, e estava tentando transmitir a sua história às crianças para informá-las sobre os perigos de fumar. Olhando para trás, acho que ele próprio encontrou certo projeto vital ao tentar salvar outras pessoas do sofrimento de um destino semelhante. Ele tinha esperança e desejava certificar-se de que seu legado viveria em outras pessoas. Isso com certeza funcionou, já que, sem saber, ajudou-me a encontrar um projeto vital.

Além dessa lição de vida, Nina descobriu uma causa particular à qual se dedicar. Ela tomou para si a prevenção e a cura do câncer, perseguindo a causa em seus próprios estudos acadêmicos, que se concentraram na pesquisa médica e científica, como também na política pública, na qual ela fez campanha por iniciativas legislativas e educacionais, a fim de promover a prevenção do câncer e o acesso à saúde. E a liderança de Nina foi fundamental para construir uma rede nacional de estudantes para a American Cancer Society. Quando iniciou esse esforço extraordinariamente ambicioso, Nina disse:

> Adolescentes têm o interesse e a habilidade de interferir na luta contra o câncer usando métodos que vão além de levantamentos de fundos anuais. Como jovens, temos cultura, atitude mental e método de ação únicos. Achei que se pudéssemos nos unir e criar uma comunidade em que estudantes realizassem seu potencial de liderança, então poderíamos ser mais eficazes em promover mudanças duradouras e integrais na comunidade.

Nina não fez isso sozinha. Ela encontrou uma mentora numa enfermeira proeminente e executiva encarregada da entidade arrecadadora de fundos Daffodil Days[*], patrocinada pela ACS. Quando ela pediu a Nina que convocasse estudantes voluntários, ficou estupefata ao descobrir que tantos jovens queriam ajudar, tanto que tiveram de dispensar alguns deles. A fim de encontrar uma função para os interessados, ela e Nina, junto com um assistente social da ACS, resolveram estabelecer um conselho adolescente para a American Cancer Society local. A meta do conselho era "organizar e unificar o engajamento jovem, oferecendo-lhe oportunidade de contribuir para a luta contra o câncer por meio da educação, de apoio, de arrecadação de fundos e de trabalhos voluntários". Juntos, eles elaboraram um estatuto da missão, seus regulamentos e suas metas. A resolução passou pela reunião do conselho diretor da ACS, e a primeira filial adolescente foi estabelecida em Wood County, Virgínia Ocidental.

---

[*] Várias entidades engajadas na luta contra o câncer em todo o mundo usam o narciso (*daffodil*) como símbolo da arrecadação de fundos. A Daffodil Days levanta fundos oferecendo essa flor em retorno a cada doação. [N. T.]

O conselho adolescente da ACS rapidamente mobilizou os estudantes da região, e eles próprios descobriram-se ávidos em contatar outros jovens do estado e do país. Quando Nina descobriu, surpresa, que não havia um esforço organizado e oficial de jovens voluntários no país, ela decidiu fundar um. Apresentou então a ideia ao presidente da ACS e, com seu apoio, trabalhou com a equipe do escritório nacional da ACS para criar essa rede.[4]

A ACS Teens reestruturou o antigo modelo de voluntariado juvenil para adequar-se às modernas definições adolescentes de dever cívico e ativismo. O programa concentrou-se em criar uma rede de esforço jovem, que acontece por meio de múltiplas ferramentas de comunicação – página na web, *newsletter* e videoconferências. Os jovens estavam conectados com seus escritórios locais da ACS e tinham a oportunidade de se reunir com líderes. Fundaram clubes ACS Teens escolares e comunitários que executavam atividades em educação, política pública e defesa da causa, serviços aos pacientes e arrecadação de fundos, em todos os níveis, de local a internacional. Em apenas um ano, a ACS Teens tinha jovens representando os cinquenta estados americanos. A ACS Teens, então, iniciou a Colleges Against Cancer, organização que agora existe em mais de setenta *campi* por todo o país.

Mas Nina não parou por aí. Após ser nomeada o primeiro membro jovem da Nationwide Bussiness Group of Voluntarism, ela defendeu o aprofundamento do engajamento jovem. Assim, a National Youth Volunteer Involvement Task foi reunida, e Nina atuou como copresidente, ajudando a elaborar um conjunto oficial de normas práticas no aproveitamento do voluntariado jovem, que hoje é utilizado em todo o país. Uma das maiores mudanças provocadas pela inclusão dos jovens nos planos da ACS foi a expansão da visão de mundo da instituição. Atualmente há uma orientação oficial da ACS voltada para o voluntariado jovem. O diretor-executivo da ACS reconhece Nina por sua "atuação criativa e inovadora no envolvimento de adolescentes na missão da ACS de eliminar o câncer, uma das maiores preocupações da área da saúde".

Em nossa entrevista mais recente com Nina, em 2006, quando ela tinha 22 anos, ela falou da satisfação que obteve ao perseguir seu projeto vital. Atingir alguns dos objetivos a que se propôs em seu trabalho de prevenção ao câncer tem sido a parte mais gratificante dentre as suas muitas atividades, superando de longe os diversos prêmios e honrarias que já recebeu. Uma dessas conquistas aconteceu quando o Senado da Virgínia Ocidental aprovou um projeto que transferia a verba oriunda dos fundos de liquidação da indústria tabagista para o pagamento de dívidas do estado.

Como explica a própria Nina:

Esse projeto não só deixaria os futuros cidadãos do estado desinformados sobre os perigos do tabaco, como também impediria os pacientes em luta com doenças causadas pelo tabaco de obter tratamento adequado. Fiquei alarmada porque o clima político que existia estava dificultando a tradicional ação de grupos ativistas, por isso, iniciei uma campanha estadual contra o projeto e convenci cidadãos que aderiram à causa a se juntarem a mim em um discurso no Capitólio. Organizei uma petição e falei aos senadores durante dez minutos, explicando a importância de melhorar a saúde e da prevenção de doenças, ao mesmo tempo que apresentava uma solução alternativa para a crise financeira. Uma votação seguiu-se à audiência e o projeto foi derrubado.

Esse projeto teria tido repercussões perigosas para o meu estado, não só no presente, mas pelos próximos vinte anos no mínimo. Eu pude constatar o impacto causado pelo bem-sucedido ataque ao projeto, foi uma conquista tangível. Na verdade, essa experiência no ativismo foi tão positiva que alimentou minha dedicação à política e a decisão de me especializar em Ciências Políticas na faculdade. Tive bastante sorte de participar de algumas iniciativas incríveis, mas essa ainda me parece a de maior impacto em minha vida, e a mais significativa para mim.

Não é surpresa que Nina tenha escolhido "idealista com os pés no chão" como uma das descrições de si mesma. De fato, ela criou uma série de livros para jovens adultos, *Saving the world*, sobre liderança e ação social, centrada na filosofia do "idealismo com os pés no chão". Os rótulos que Nina escolheu para si depois de "idealista com os pés no chão" foram "otimista" e "autoconfiante", que indicam a atitude notavelmente positiva em relação à vida que Nina compartilha com todos os outros jovens altamente determinados do nosso estudo.

Um elemento central na orientação positiva é a gratidão. Nina falou em nome de muitos de nossos jovens determinados quando disse: "Continuo a me surpreender com o que o mundo tem a oferecer". Em nossa entrevista seguinte, ela expressou o prazer de descobrir os múltiplos e maravilhosos aspectos de nosso mundo:

> Estou começando a apreciar como é maravilhoso e especial simplesmente *existir*, e como tenho sorte por estar rodeada de pessoas que demonstram tanto amor e beleza. Sou muito grata e quero compartilhar esse otimismo e amor pela vida com as outras pessoas. Acho que é assim que eu encontro sentido.

Esse sentimento de gratidão por ser capaz de participar do que o mundo tem a oferecer, e de ter a chance de fazer sua própria contribuição, é comum a todos os integrantes de nosso grupo de jovens que têm projetos vitais.

O que há de tão pungente sobre isso, é claro, é que *todos* os jovens deveriam se sentir assim em relação à vida. Idealismo, altas expectativas, entusiasmo e um sentimento de espanto e admiração com que exploram o mundo à sua volta são o centro da orientação tradicional da juventude, observada por filósofos e escritores desde tempos imemoriais. Essa é a postura que todos os jovens merecem ter no início da vida. Ainda assim, o otimismo e a autoconfiança parecem restritos a uma pequena parcela da juventude de hoje. Dentre todas as atuais preocupações da nossa sociedade quanto à igualdade, essa deveria estar no topo da lista.

O exemplo de Nina também mostra como a descoberta de projeto vital precoce conduz ao caminho de uma vida adulta satisfatória. Um marco do desenvolvimento pessoal, amplamente conhecido desde que Erik Erikson o colocou na nossa tela de radar cultural há meio século, é a formação de uma identidade pessoal. O grande desafio durante a adolescência é definir a si próprio de modo a encontrar o seu lugar no mundo. Uma identidade pessoal distingue o jovem de todos os outros, enquanto, ao mesmo tempo, oferece àquela pessoa um modelo para se tornar um membro valorizado da sociedade. Uma identidade pessoal forte é a pedra angular do desenvolvimento psicológico sadio na vida adulta.

Em um estudo do autoconhecimento na adolescência, Daniel Hart e eu descobrimos que uma maneira de identificar a formação é criar uma teoria sobre o *eu* baseada em um conjunto sistemático dos próprios valores e crenças de alguém.[5] Jovens que veem suas escolhas e seu destino como parte de algo maior – seja uma fé religiosa, uma ideologia política, uma vocação, uma filosofia de vida ou um ideal estético – estão bem preparados para assumir o tipo de compromisso mental exigido para construir uma identidade pessoal duradoura. É claro que nem todos os jovens constroem a identidade dessa maneira; um estudo mais antigo revela que poucos jovens de 18 anos e nenhum entre os mais jovens analisados usaram esse caminho "teoricamente sistematizado" para formar sua identidade.[6] Para outros jovens, há caminhos diversos possíveis. Mas aqueles que afirmaram ter adotado um forte sistema de crenças pareceram contentes e bem orientados.

Em nosso estudo, observamos que muitos dos jovens que têm projetos vitais haviam criado sua identidade desse modo sistemático e teoricamente orientado. Nina, por exemplo, falou-nos sobre o que ela chamou de sua visão "combinatória" de como as coisas funcionam, e como essa visão a inspira a desenvolver suas múltiplas facetas – cientista, política, empreendedora social, futura médica, membro da família e da comunidade – a fim de dar sua melhor contribuição:

· O QUE O JOVEM QUER DA VIDA? ·

Estou convencida de que combater as sérias doenças que afligem a nossa sociedade exige uma resposta multilateral. Minha pesquisa sobre câncer envolve um tratamento que tem como alvo vários estágios ao longo da angiogênese para aumentar a probabilidade de sucesso terapêutico. Mas essa base racional se estende além das maneiras de atacar e mitigar a doença. O progresso médico vem da "terapia de combinação" de avançar simultaneamente não só na pesquisa científica, mas também na educação, na saúde pública, nos negócios e na política. O progresso vem da solução de problemas utilizando-se múltiplas abordagens. Meu encontro na infância com o paciente de laringectomia demonstra a importância da educação na promoção do bem-estar físico e mental. A educação é o primeiro passo, mas para uma mudança integral precisamos atingir múltiplos setores do sistema de saúde. Essa abordagem "combinatória" me motiva, e considero-a minha filosofia de liderança.

Como esse extraordinário testemunho de Nina demonstra, a busca de um projeto vital alimenta o desenvolvimento de uma teoria de trabalho que forma a base de uma construção sistemática do *eu*.

Muitos dos doze jovens do nosso estudo tinham plena consciência do papel do projeto vital em sua busca de uma identidade pessoal. Pascal LeBoeuf, um aspirante a músico, observou durante uma de nossas conversas: "Bem, descobri uma identidade. Descobri algo que gosto de fazer. Tenho um amor. Isso é muito legal". Em nossas conversas, Pascal elaborou uma visão teórica original e intrincada sobre seus sentimentos em relação à música. "Quero criar alguma coisa por uma certa razão", ele nos contou.

Busco colocar uma intenção por trás da música, pois creio que assim ela tem mais profundidade. Em vez de escrever algo e pensar 'Isso faz eu me sentir desse jeito', tento pensar: 'Como eu faço para escrever algo que me faça sentir desse jeito?' Então, em vez de o sentimento vir da arte, quero que a arte venha do sentimento. E fico imaginando quais elementos técnicos ou composicionais podem representar certo sentimento... Então, agora, estou numa enrascada porque não dá para conseguir sempre o mesmo resultado com improvisos. Mas, sei lá, a música sem propósito é sem sentido.

Quando criança, Pascal era fascinado por artes visuais e passava horas desenhando com lápis de cera. Aos 9, ele foi apresentado à musica por um amigo da família, que o ensinou a tocar "O tema da Pantera Cor de Rosa", "Greensleeves" e outras melodias para o piano. "Era divertido e interessante", recorda Pascal. Não demorou e ele já estava tendo aulas de piano ("Meus pais sempre apoiam os meus interesses", ele observa, "gostem ou não deles".). Aos 12 anos, Pascal mudou do clássico para o jazz. Durante o ensino médio, ele participou de concursos de jazz, acampamentos e grupos musicais. No último ano, o comprometimento de Pascal com sua música dominava seu tempo de tal forma que ele só assistia a algumas aulas por dia; mesmo assim, ia bem na escola a ponto de pensar em cursar engenharia em uma das mais concorridas universidades do país. Mas os interesses musicais de Pascal prevaleceram, e ele entrou para a Manhattan School of Music para aprender composição e performance de jazz.

Pascal espera tornar-se jazzista profissional. Não resta dúvida de que o jazz, como qualquer arte performática, é um campo extremamente competitivo, e muitos amadores fracassam na transição para uma carreira que possa sustentar suas necessidades financeiras. Pascal é realista sobre isso: sua propensão a teorizar sobre suas aspirações musicais não significa que ele tem a cabeça nas nuvens sobre quanto custará atingir essas aspirações. Como foi observado anteriormente, essa é outra característica constante dos jovens que entrevistamos. Eles são práticos. Pascal leva a sério a necessidade de cultivar os objetivos de uma carreira profissional, como fazer contatos na indústria musical e prestar atenção na parte dos negócios. Como acontece com suas ideias acerca da música, o pensamento de Pascal sobre como atingir suas metas financeiras, profissionais, pessoais e musicais é original e integrativo:

Tenho de ter todas elas em minha vida, e quero que todas continuem o tempo todo, que todas aconteçam. Elas tendem a depender uma das outras. Minha música depende de meus amigos. Minha criatividade depende do que acontece na minha vida, de como eu vivencio as coisas. Minha família depende dos negócios. Os negócios dependem da criatividade e da arte.

Essa perspectiva holística estimula Pascal a devotar sua energia a todos os aspectos de sua carreira musical. Ele não os separa em diferentes compartimentos nem valoriza uns mais do que outros. Tal abordagem é intrínseca à extraordinária eficiência dos jovens altamente determinados desde tenra idade.

Barbara Brown, uma garota do Texas que tinha 16 anos quando a entrevistamos pela primeira vez, aprendeu a lição da eficiência prática com seu trabalho pelas causas ambientais:

Acho que a conclusão de atividades, de fato, seria uma questão de seguir as regras. Então, isso tem grande parte no trabalho ambiental também, porque se você não fizer direito, não funciona. Você tem de fazer direito. Especialmente quando queremos conquistar coisas... é preciso acompanhar cada pequeno detalhe para ter sucesso.

Com duas amigas, Barbara desempenhou papel-chave na fundação da Don't Be Crude, organização que visa melhorar o ambiente defendendo a correta eliminação dos fluidos dos motores. Ela assumiu essa causa depois de conversar com uma amiga que reparou que seu pai despejava o óleo utilizado no solo de sua propriedade, prática comum nas áreas rurais do Texas onde não havia instalações para esse fim. "Ela notou que seu pai despejava o óleo no solo e isso matava a vegetação", Barbara nos contou. "Precisávamos fazer um trabalho de Ciências, por isso, decidimos pesquisar o tema." Logo as jovens estavam em contato com uma comissão estadual sobre a qualidade ambiental, que lhes deu condições de criar um programa de reciclagem batizado de Don't Be Crude, uma referência a Elvis Presley*. Elas aceitaram o desafio com entusiasmo. Começaram com um container de reciclagem em seu próprio condado, e, pouco depois, já tinham programas semelhantes em sete condados do Texas, protegendo milhares de acres do lençol freático e mais de 800 quilômetros de litoral. Ao pensar no significado de suas conquistas, Barbara parece os outros jovens altamente determinados ao tecer uma teoria sobre sua relação com a causa defendida:

> Acho que estou interessada nisso porque vivo aqui. Tudo que existe aqui é o que usamos. A nossa pequena bomba nos fundos. Então, acho que isso é uma grande parte da razão, saber que cuido do que preciso para viver – e que especialmente a reciclagem de óleo afeta o lençol freático do qual tiramos a água. Em qualquer terreno que você despeje os resíduos, se houver água sob ele, eles vão parar nela. E que a grande questão é que vivemos aqui e retiramos água de nossa própria terra, então, o que estamos fazendo é poluir nosso sistema hídrico. Por isso acho que o meio ambiente é uma coisa importante, porque eu vivo no campo, eu vivo no meio ambiente.

Observe que o padrão da descoberta do projeto vital de Barbara é também similar ao dos outros jovens do grupo. Ela foi apresentada ao problema por alguém de fora da família – nesse caso, uma amiga (embora no caso dos outros tenham sido professores ou outros adultos). Houve um momento de revelação: algo parecia errado, e precisava ser melhorado ou corrigido. Para Barbara, foi a noção de que despejar óleo utilizado no solo não fazia bem ao meio ambiente; para Ryan, o choque de saber que algumas crianças na África não tinham água suficiente para beber; para Nina, que as pessoas morriam de câncer

---

* Trocadilho com o sucesso de Elvis Presley, "Don't be cruel". A ideia é de que os fazendeiros não sejam *crude* (grosseiros, rudes) por despejar resíduos no solo, e também uma referência a *crude oil*, óleo que contém impurezas ou petróleo bruto e precisa ser reciclado. [N. T.]

· O QUE O JOVEM QUER DA VIDA? ·

desnecessariamente; e, para Pascal, que o jazz podia ser elevado a novos patamares por meio de sua paixão criativa.

Em cada caso, o jovem também encontrou apoio familiar e orientação de pessoas ou organizações fora da família. No caso de Barbara, uma associação desempenhou papel fundamental ao pedir a ela que fizesse algo pela comunidade, e a comissão ambiental do Texas apresentou-a à possibilidade específica de implementar um programa de reciclagem. Uma vez que esses jovens começaram, o sucesso inicial que alcançaram alimentou ainda mais sua motivação, e eles se tornaram cada vez mais comprometidos com seu projeto vital, confiantes de que podiam fazer algo a respeito e ávidos por aprender as habilidades que precisariam para fazê-lo.

Eis a sequência de etapas que identificamos na conquista de um projeto vital:

1. conversa inspiradora com pessoas de fora do círculo familiar;
2. observação de pessoas que têm projetos vitais em seu trabalho;
3. primeiro momento de inspiração: algo importante no mundo pode ser corrigido ou melhorado;
4. segundo momento de inspiração: posso contribuir com algo e fazer diferença;
5. identificação do projeto vital, junto com tentativas iniciais de conquistar algo;
6. apoio da família;
7. amplos esforços para perseguir o projeto vital de modo original e consequente;
8. aquisição de habilidades necessárias para essa empreitada;
9. aumento da eficiência;
10. elevação do otimismo e da autoconfiança;
11. comprometimento com o projeto vital em longo prazo;
12. transferência das habilidades e força de caráter adquiridas na busca de um projeto vital para outras áreas da vida.

Uma vez que o jovem se envolve na busca do projeto vital, sua personalidade começa a se transformar devido às atividades e aos acontecimentos da empreitada. Por necessidade, o jovem adquire capacidades como engenhosidade, persistência, *know-how* e tolerância a riscos e revezes temporários. Essas capacidades, é claro, compreendem muitos dos ingredientes de um empreendedor de sucesso. Agora, jovens que se comprometem plenamente com projetos vitais desafiadores provavelmente já sejam um tanto empreendedores, como demonstra sua atração por tais missões. Mas é a experiência adquirida na busca do objetivo que transforma essa inclinação em verdadeiro espírito empreendedor, acompanhado das habilidades práticas e das disposições exigidas para um empreendedorismo social maduro.

Virtudes de caráter como diligência, responsabilidade, confiança e humildade ganham força com a experiência de se comprometer com um projeto vital desafiador e ver o resultado disso. E mais: a aquisição de conhecimentos de todo tipo (verbal, matemático, cultural) cresce muito além de tudo que foi previamente aprendido pelo jovem em casa ou na sala de aula.

Talvez o mais importante, a perspectiva do jovem sobre o que é possível fazer (o potencial e também os limites da ambição) amadurece em resultado da exposição à inevitável mistura de sucessos e fracassos que todo empreendimento produz. Isso pode fortalecer tremendamente a autoconfiança do jovem em seu potencial de fazer diferença, encorajando-o a assumir tarefas difíceis e, ao mesmo tempo, preparando-o para a frustração (ou mesmo a derrota) em algumas ocasiões. Um dos jovens da pesquisa, que aos 15 anos liderou e venceu uma dura campanha para a aprovação da lei de controle de armas em sua cidade, observou a realista noção de convicção que ele adquiriu enquanto trabalhava em seu projeto vital:

> Você não pode cruzar os braços e administrar a sua vida baseado no que espera que aconteça. Você não pode sempre ter medo de assumir um risco.

Tem de tentar coisas diferentes, e talvez tentar coisas que pode considerar um pouco extremas, inatingíveis. Você pensa: "Oh, isso nunca vai acontecer. É impossível, eles nunca farão isso". Tente. Por que não?... Tudo que tem de fazer é superar o medo e dizer "não, isso não é impossível". Você realmente pode fazer algo e isso não requer fundos multimilionários que as pessoas gastam em questões diferentes. Acho que as pessoas podem se sentir realmente convictas de que podem fazer alguma coisa.

O processo de aprendizado toma tempo, exige comprometimento duradouro e muito trabalho, no entanto não é um processo desagradável. Na verdade, a julgar pelos relatos de nossos entrevistados, é algo emocionalmente satisfatório, que faz lembrar os tipos de experiências "plenas" que Mihaly Csikszentmihalyi descreve: "Poucas coisas na vida são tão agradáveis como quando nos concentramos numa tarefa difícil, fazendo uso de todas as nossas habilidades, sabendo o que deve ser feito".[7] Para seu benefício permanente, jovens altamente determinados aprendem cedo essa lição. Um rapaz de 23 anos de idade, apaixonado por tecnologia e que criou programas de computador complexos e dinâmicos, expressa seu prazer no trabalho desta forma:

Quando vou para casa, alguns dos meus outros amigos não conseguem entender isso. Falam mais ou menos assim: "Hã... você trabalha com o computador o dia todo. Por que faria isso em casa também?" É, mas é nessa hora que começa a diversão. Até mesmo no trabalho é diversão. É simplesmente tão difícil para um monte de gente entender. Voltam para casa e pensam que eu estou obcecado... Acho que é por isso que gosto tanto do meu trabalho, porque é desafiador.

E, é claro, o resultado de seu trabalho, ao realizar sua missão, converte-se em um tipo especial de alegria. Ryan Hreljac disse:

> Quando estive em Uganda pela primeira vez, para ver o primeiro poço que estava sendo perfurado; quando vi as pessoas e como estavam felizes só por terem água limpa; lá estavam as pessoas dançando, celebrando, porque havia água limpa para beber... Fez-me sentir extremamente bem. Aquilo fez eu me sentir extremamente feliz.

Todos os outros jovens expressaram os sentimentos de Ryan à sua maneira.

Os diversos benefícios de ter um projeto vital ajudam a explicar por que esses jovens que encontraram algo com que se comprometer tendem a perseverar. Eles não precisam de estímulo externo uma vez que tenham começado, mas necessitam de apoio – da família em primeiríssimo lugar, de amigos e de outras pessoas quando possível. Quase todos os nossos jovens altamente motivados, não importa até que ponto pareçam laboriosos ou inventivos, contam com a ajuda essencial de outros em cada estágio de seu compromisso. Eles são determinados, mas não autossuficientes no sentido literal do termo – afinal, não estão completamente formados ou "crescidos" pelos padrões de nossa cultura, embora suas muitas realizações e as tarefas com as quais se comprometeram sejam formidáveis para qualquer padrão.

O apoio ao jovem em sua perseguição de um objetivo pode vir de diversas fontes e sob vários aspectos. No caso dos doze jovens de nossa pesquisa, todos tiveram apoio significativo dos pais – mesmo que estes não tenham apresentado seus projetos vitais particulares e com frequência os considerem estranhos e talvez um tanto surpreendentes. Contudo, os pais apoiam os filhos nos desafios que eles abraçam, frequentemente com assistência inestimável. Barbara Brown recorda:

> Meu pai é o sabe-tudo em consertar coisas... Ele diz assim: "Tudo bem!", e telefona para os outros pais, e diz: "Estamos com tal problema, então, vamos trabalhar nisso."... [E] quando se trata de escrever petições, minha mãe e eu

podemos nos sentar e não falar de outra coisa. Só preenchendo aqueles enormes formulários de solicitação.

Os pais geralmente desempenham também papel essencial no transporte e no acompanhamento de seus filhos. Quando essas crianças eram muito novas para ter carteira de motorista, os pais serviam de motorista. Aos 12 anos, Ryan não tinha idade suficiente para fazer sozinho as longas viagens para as quais era convidado, então um de seus pais sempre o acompanhava. Outro pai, cuja filha de 10 anos combatia o uso do tabaco entre menores de idade, chegou ao ponto de acompanhar sua filha quando servia de "isca" para a polícia. A filha ia a um estabelecimento local para tentar comprar cigarros (estava bem abaixo da idade legal para isso) enquanto um policial disfarçado ficava de olho. "Sempre chamamos o meu pai de motorista de táxi porque ele me levava e trazia, e tudo mais", disse-nos a menina. Ao mesmo tempo, sua mãe lhe ofereceu apoio emocional constante. "Minha mãe é psicoterapeuta, então conversamos sobre tudo. Nós viajamos juntos e nossa família é muito unida."

Além dos pais, outros mentores adultos podem desempenhar papéis decisivos. De fato, é comum que um adulto de fora apresente o projeto vital ou encoraje o jovem a levantar a bandeira. Nina Vasan comenta a importância de seu relacionamento com sua mentora em seus esforços para encontrar um modo de contribuir para a luta contra o câncer. A mentora encorajou Nina a criar e coordenar uma organização juvenil contra o câncer e ajudou-a a escrever os regulamentos da nova organização; mostrou a Nina como trabalhar com a American Cancer Society e a instruiu quanto às complexidades de se levantar recursos.

Ela ajudou a me preparar antecipadamente para as questões que doadores potenciais e comitês de doação pudessem formular, explicou a importância de respaldar propostas com dados e provas e, no geral, ajudou-me a transitar pelo mundo da política e das entidades sem fins lucrativos.

Nina resume sua experiência da seguinte forma: "Ela tem sido minha mentora, tem me ajudado a definir quem eu sou e a entender meu papel neste mundo".

Em alguns casos, jovens que têm projetos vitais buscam a instrução, o apoio e a inspiração de vários mentores. Pascal, por exemplo, foi aluno de diversos professores de música ao longo dos anos e considera todos seus mentores. Ele também aprendeu com "alguns músicos de Nova York, pessoas que eu admiro". Outro jovem de nosso estudo, Michael Davidson, de 23 anos, que (raro nessa geração) é comprometido com mudanças na política, encontrou seus mentores em membros da família, num supervisor do trabalho e em um de seus professores do colégio. Este foi uma das mais fortes influências de Michael:

> No meu último ano do ensino médio, meu professor de Ciência Política fez que eu me interessasse acadêmica e intelectualmente por política... Ele era simplesmente apaixonado pelo assunto. E foi rigoroso, obrigou-nos a ler muito, mas eu simplesmente adorei. Eu devorei.

Outro mentor de Michael "acreditou em mim e me apoiou mais do que eu mesmo" e "me encorajou a me comprometer emocionalmente com minha recém-descoberta paixão". Quando ele faleceu, "eu fiz um discurso sobre como esse homem afetou a minha vida e foi como um pai para mim de inúmeras maneiras..." Outro jovem também deu crédito a múltiplos mentores por suas realizações:

> Tive excelentes mentores, além de meus pais. E é por isso que esse trabalho, em última análise, é tão importante, por causa dos mentores que eu tive. E isso chega até o aspecto de comunidade, [porque] houve profissionais que desempenharam um papel que não poderia ser desempenhado pelos pais.

O jovem que tem projetos vitais também busca apoio dos amigos: como a maioria dos adolescentes e dos jovens adultos, eles valorizam as amizades e reagem a elas de maneiras que não podem ser reproduzidas em relacionamentos com adultos. Mas esses jovens altamente motivados comumente descobrem que os antigos amigos não compartilham de sua paixão recém-descoberta. A solução deles, então, é fazer amizade com pessoas que visam aos mesmos objetivos que os inspiraram. Pascal expressou bem essa situação: "Agora é fácil, pois todos os meus amigos na faculdade são músicos. No ensino médio, não era assim. Eu tinha amigos de um lado, a música do outro. Agora tudo é uma coisa só".

Em um projeto paralelo que examinou detalhadamente a vida de todas as pessoas altamente determinadas de nossa pesquisa, a psicopedagoga Kendall Cotton Bronk escreveu:

> Esses jovens descobrem poucos amigos entre seus colegas de escola que compartilham dos mesmo interesses, mas, para a maioria, seus colegas não estão interessados nos projetos vitais que os inspiraram. Porém, esses adolescentes, agindo contra a natureza, permanecem dedicados a seus objetivos e buscam pessoas que pensem da mesma forma.[8]

Os jovens com elevado nível de projetos vitais concentram-se tanto nisso que, às vezes, tomam outras decisões, selecionando, por exemplo, quem querem ter como amigos durante o desenvolvimento de sua missão. Mas não seria correto chamá-los de bitolados. Na verdade, eles têm os mesmos interesses que os outros jovens. Como vimos no início deste capítulo, são adolescentes normais; preocupam-se com uma série de coisas, muitas das quais são frívolas. Eles certamente apresentam dedicação, realizações e aptidões notáveis, aprendidas no curso de seus esforços. Eles também encontraram uma maneira de evitar, por meio de compromissos estáveis, a debilitante sensação de falta de rumo que castiga a tantos outros de sua geração; e perseguem seus projetos vitais com gosto pelo risco e pelo desafio, e com engenhosidade, que é a característica de futuros empreendedores. Todos esses extraordinários frutos dos projetos vitais, com seus benefícios salutares e subprodutos, originam-se do mesmo genótipo comum a todos os outros jovens do planeta.

A combinação de normalidade e de iniciativa excepcional é o que torna esse grupo tão importante para nós. Suas experiências oferecem lições totalmente relevantes para todos os jovens que estão crescendo atualmente. Relembrando o filme *Ratatouille*, dei-me conta de que o ratinho simpático e talentoso que deseja se tornar *chef* de cozinha tem a seguinte receita para o sucesso: "Qualquer um pode cozinhar!" É isso mesmo – os resultados de nosso estudo convenceram-me de que *qualquer pessoa pode encontrar um projeto vital e persegui-lo com benefícios significativos para si próprio e para os outros*. Mas, conforme comentei, o apoio é essencial nesse percurso.

NOTAS

1   Anne Colby e eu chegamos à mesma conclusão em nosso estudo sobre exemplos morais, *Some do care: contemporary lives of moral commitment*, citado anteriormente. Embora as 23 pessoas que pesquisamos tenham conquistado feitos admiráveis, os processos pelos quais elas se comprometeram e perseveraram nos seus objetivos foram os mesmos com os quais qualquer pessoa conquista um nível mais comum de hábitos e crenças morais (como evitar ferir outras pessoas ou cuidar dos entes queridos). No caso dos exemplos morais, os compromissos foram desenvolvidos em níveis heroicos e de longo alcance, mas as diferenças psicológicas e comportamentais variavam em grau, não no tipo.

2   DAMON, William; LERNER, Richard (orgs.). *Handbook of child psychology*. 6. ed. Nova York: John Wiley, 2006, especialmente volumes 1 e 3.

3   Ibidem, especialmente o capítulo 6 do volume 3, escrito por Avshalom Caspi.

4   Em particular, Nina agradece a ajuda dos membros da equipe da ACS, Beth Stevenson e Linelle Blais.

5   DAMON, William; HART, Daniel. *Self-understanding in childhood and adolescence*. Nova York: Cambridge University Press, 1988.

6   Ibidem.

7   CSIKSZENTMIHALYI, Mihaly. *Finding flow: the psychology of engagement with everyday life*. Nova York: Basic Books, 1997, p. 5.

8   BRONK, K. "Exemplars of youth purpose: a set of twelve case studies in adolescent commitment". Manuscrito não publicado, Stanford University.

5 Ultrapassando a cultura do imediatismo

O ÚNICO GRANDE OBSTÁCULO para que o jovem descubra um projeto vital é a fixação em horizontes imediatistas reforçada pelas mensagens que são transmitidas a ele hoje em dia. Uma cultura popular que celebra os resultados rápidos e as conquistas glamorosas desbancou os valores tradicionais de reflexão e contemplação que antes norteavam a moral do desenvolvimento e da educação do ser humano. A comunicação de massa apresenta histórias de gente altamente invejada, que conquistou fama e fortuna da noite para o dia, a todas as crianças com acesso ao computador e à TV (ou seja, praticamente a todas as crianças em uma sociedade industrializada). Entre os formatos de programas de TV mais frequentes atualmente estão as competições nas quais jovens comuns são alçados à fama e à fortuna em questão de minutos, dias, ou, no máximo, semanas. O apelo de um sucesso material tão rápido é amplificado pelas condições econômicas atuais, que resultam em abundância e riqueza ímpares para alguns, competitividade feroz e generalizada para outros e no fantasma da penúria para muitos outros.

Mesclando busca de status, consumismo, insegurança, autopromoção e valores superficiais, os agentes da atual cultura pressionam os jovens a perseguir vitórias imediatistas, em detrimento de aspirações duradouras. A triste ironia é que, para muitos desses jovens, nem mesmo as metas imediatistas estão sendo buscadas – eles não conseguem mantê-las tempo suficiente para atingir os fins materiais desejados. As rotas rápidas para a fortuna e a felicidade propaladas pela mídia de massa são pouco mais do que fantasias hollywoodianas. Todo sucesso na vida, do mundano ao espiritual, exige perseverança. O sucesso mais duradouro e realizador requer uma reflexão mais profunda sobre os projetos vitais que estão por detrás dos esforços. No que se refere ao desenvolvimento, o período da vida adequado para tal reflexão é a adolescência, quando o jovem começa a decidir que tipo de pessoa quer se tornar e que tipo de vida deseja levar.

A juventude é uma época de idealismo – ou, pelo menos, deveria ser. Haverá tempo de sobra, mais tarde, para que os sonhos sejam controlados pelas limitações impostas pelo mundo; mas uma vida que não começa com aspirações idealistas provavelmente será vazia. Filósofos, psicólogos e outros observadores do desenvolvimento humano têm concordado com isso ao longo dos séculos. Aristóteles, há mais de dois mil anos, afirmou: "São esperançosos, sua vida é repleta de expectativas, têm princípios elevados, escolhem fazer o certo em vez de fazer o que é conveniente – tal, pois, é o caráter dos jovens".

No mundo competitivo de hoje, o idealismo juvenil está perdendo terreno para o desejo bitolado de ganho material e segurança financeira. Pesquisadores que estudaram as crenças e os objetivos de estudantes nos primeiros anos de faculdade concluíram:

> Especialmente notável é a mudança na importância dada a dois valores contrastantes: "desenvolver uma filosofia de vida significativa" e "ficar muito bem de vida financeiramente". No final da década de 1960, desenvolver uma filosofia de vida significativa era o valor prioritário, considerado objetivo "essencial" ou "muito importante" por mais de 80% dos calouros. "Ficar muito bem de vida financeiramente", por outro lado, ficava lá atrás, em quinto ou sexto lugar na lista, endossado por menos de 45% dos calouros como meta de vida essencial ou muito importante. A partir de então, esses dois valores praticamente trocaram de lugar, com "ficar muito bem de vida financeiramente"

· O QUE O JOVEM QUER DA VIDA? ·

agora como valor prioritário (endossado por 74,1%) e "desenvolver uma filosofia de vida significativa" ocupando o sexto lugar, endossado apenas por 42,1% dos estudantes.[1]

Essa mudança não ocorreu espontaneamente. A mídia enfatiza o encanto do sucesso material rápido. E não é só isso: com a melhor das intenções, nos últimos anos os adultos vêm se empenhando em dissuadir os jovens de seu natural idealismo em favor de uma postura de maior preocupação com o material. Geralmente, fazem isso por medo, pensando estar ajudando o jovem a se preparar para o mercado competitivo de hoje. Tal postura é delicada para o jovem, não somente porque é antinatural durante essa fase da vida, mas também porque não tem uma convicção própria que a sustente. É uma postura tímida e pessimista que não inspira um esforço dedicado nem um compromisso duradouro.

Minha intenção não é menosprezar objetivos materiais durante a juventude ou outros períodos da vida. Todos necessitam de certos bens e desfrutam disso. Quanto ao dinheiro, não resta dúvida de que ele é a chave para a satisfação de muitos objetivos. Ajudar as crianças a aprender a perseguir seus sonhos de maneira realista consiste, em grande parte, em ensiná-los a administrar as demandas financeiras do caminho escolhido. Mas elas devem entender que o dinheiro é um meio para um fim – um meio nobre, espera-se – e não o próprio fim. É a glamorização do dinheiro em si, como algo mais do que um superficial afago no ego, que conduz os jovens a caminhos estéreis. A mentalidade do "dinheiro rápido", à qual me referi anteriormente, reforça essa orientação improdutiva. Sugerir que o sucesso pode ser alcançado sem trabalho duro e anos de preparação implica que as coisas que podem ser facilmente conseguidas por uma questão de sorte – como fama e riqueza material – são suficientes para o verdadeiro sucesso. Contesto essa ideia porque o sucesso exige uma noção de sentido mais profunda do que fortuna e fama. A acumulação de sucesso material sem uma preocupação primordial, sem um projeto vital ao qual destinar tal sucesso, é o passaporte para a sensação de vazio desalentadora que sobrevém após o brilho inicial da satisfação pessoal se esgotar.

As mensagens culturais que predominam hoje em dia convencem muitos jovens a empreender esforços enérgicos (às vezes, frenéticos) nessas conquistas, mas fracassam em ajudá-los a encontrar um propósito mais profundo. As mensagens mencionam conquistas degrau após degrau, mas sem conexão com preocupações centrais; trata-se da busca de desempenho que tem pouco significado para a criança. E o que é pior: em muitas de nossas conversas com os jovens, deixamos de discutir com eles questões fundamentais, como se isso fosse atrasá-los nessa corrida. Em nossa precipitação – e na deles – estamos não só deixando de lado aquilo pelo qual vale realmente a pena lutar, como também estamos esgotando a principal fonte de motivação duradoura para o jovem.

Objetivos de curto prazo – terminar o dever de casa, tirar boas notas, entrar para o time de basquete, arranjar uma namorada – vêm e vão no dia a dia. São necessárias para a adaptação a uma situação corrente; e os jovens podem aprender importantes habilidades enquanto perseguem tais objetivos. Mas não podem definir um plano para o futuro. Perspectivas imediatistas não ajudam o jovem a definir uma identidade própria (que tipo de pessoa quero vir a ser?) nem podem inspirar um projeto vital ao qual se dedicar (o que desejo alcançar em minha vida?). Servem para "quebrar o galho" – e às vezes são necessárias, é certo –, mas não para criar o tipo de impulso que conduz a uma satisfação duradoura.

Nosso foco cultural em perspectivas imediatistas deriva da – ou, pelo menos, são acelerados pela – insegurança que enfrentamos na economia globalizada cada vez mais dinâmica. Preocupamo-nos com a competição que nós e nossos filhos enfrentamos para satisfazermos as necessidades básicas de moradia, educação, saúde. Como podemos permitir que questões gerais (e a questão *Por quê?* é a mais geral de todas) nos distraiam quando alguém pode estar tentando tirar a comida de nosso prato bem na nossa frente? Ironicamente, no entanto, nosso esforço para sermos protetores e pragmáticos pelo bem de nossos jovens os têm deixado *menos* preparados para lidar com a complexidade do mundo. Uma abordagem imediatista nascida da ansiedade não pode gerar a imaginação e o vigor necessários para vencer na sociedade atual, altamente dinâmica. Somente uma visão ampla, alimentada por projetos vitais fortes, pode construir e sustentar as capacidades que são necessárias.

Em vez de propormos as questões centrais, temos dirigido a atenção dos jovens para preocupações imediatistas, como competição, autopromoção, status e ganho material. Acreditamos que estamos agindo pelo bem deles, mas no final sempre descobrimos que a atenção limitada a tais preocupações não consegue mais do que ambivalência, desengajamento e cinismo. Ainda assim, em vez de encorajarmos os jovens a perseguir os interesses que os motivam e os inspiram, tentamos substituir esses interesses por nossos próprios objetivos. Fazemos ouvidos moucos à sua busca de sentido – sua tentativa de responder às grandes questões – e tentamos trazê-los de volta aos nossos receios e preocupações. É uma tentativa vã.

ULTRAPASSANDO O PENSAMENTO IMEDIATISTA NAS ESCOLAS

De modo louvável, nossa sociedade vem levando cada vez mais a sério a educação nas últimas décadas. Todo político sério apoia o avanço da educação e os empresários consideram importante ter uma população educada para obter competitividade no mercado global. Filantropos têm dedicado vastos recursos a esforços que visam a assegurar que toda criança em idade escolar adquira a competência necessária para o trabalho e a cidadania. Como acontece com qualquer esforço sério, as abordagens variam de acordo com a política e o ponto de vista daqueles que promovem o esforço. Mas, com poucas exceções, as principais abordagens em relação ao avanço da educação hoje têm algo em comum: elas medem o progresso quase inteiramente por meio das notas obtidas em testes padronizados*.

Não me incluo entre os muitos que criticam testes padronizados, notas e outras formas objetivas de avaliar o sucesso do estudante. Sou a favor de padrões explícitos de progresso e acredito que a competição, quando mantida em perspectiva, beneficia a aprendizagem. Mas os testes padronizados que as escolas dos Estados Unidos aplicam hoje têm pouco que ver com os padrões de excelência de avanço na aprendizagem, entendimento e ganho de conhecimento útil. Em vez disso, os testes nos quais nos baseamos para determinar se um estudante está aprendendo (e se a escola está fazendo sua parte) apenas fornecem informações aos que desejam avaliar o estudante ou o sistema escolar. Os testes têm intenção de obter excelentes resultados para os estudantes e a escola. Assim, desviam a atenção de outras prioridades educacionais, em particular as missões centrais de encorajar a aquisição de conhecimento ativo e um amor por aprender que dure pelo restante da vida. A questão do projeto vital, que deveria estar por trás de todo exercício acadêmico, foi quase inteiramente banida da escola. No lugar dele, o principal objetivo das aulas tornou-se proporcionar uma rápida familiaridade com fatos, nomes, lugares e fórmulas que os estudantes têm pouco interesse ou habilidade de aplicar aos problemas fora da sala de aula.

Os críticos reclamam, creio que com razão, de que nossa dependência obsessiva dos resultados de testes padronizados impede tanto os professores quanto os alunos de se concentrar na verdadeira missão da escola: desenvolver o amor pelo aprendizado em si – um amor que se conserva pelo restante da vida. Concordo com essa opinião frequentemente externada, com a ressalva de que os testes, em si, não diminuem coisa alguma, inclusive o amor pelo aprendizado. Mas, se os testes tornam-se

---

* A cultura de testes padronizados também está em vigor no Brasil por meio de exames como o Enem, Saeb, Saresp, Prova Brasil etc. [N.R.T.]

a única, ou mesmo a principal preocupação daqueles que definem os rumos da escola – e aqui incluo desde os que pagam as contas aos que dão aula –, os itens mais importantes acabam ficando de fora. Entre eles, como os críticos têm observado, o aprendizado profundo.

Tão importante quanto isso, embora menos comentado, é que o estudante encontre significado nas atividades escolares. É essencial perguntar – e o jovem sempre o faz – qual, se é que existe, a relação entre o que o aluno faz na escola e um projeto vital maior, que possa atrair seu interesse, sua energia e seu comprometimento. Essa é a questão *Por quê?* que levantei ao longo deste livro, endereçada dessa vez às aulas e às tarefas que ocupam a maior parte do dia de um jovem.

Como comentei anteriormente, é raro ouvir um professor discutir com os estudantes um projeto vital maior ao qual qualquer das atividades acadêmicas o pudessem conduzir, ou até mesmo mencionar a satisfação, o interesse ou o contentamento que muitas pessoas encontram em tais buscas. Por que os alunos têm de aprender aquelas fórmulas e por que os cientistas conduzem as experiências que enchem os livros didáticos? Por que lemos literatura ou assistimos a uma peça de Shakespeare? As respostas a essas questões podem parecer óbvias para um adulto, mas as crianças não têm meios de conhecer o apelo de tais atividades a menos que as experimentem ou tenham a chance de observar outros que tenham feito. Quando os estudantes têm essa oportunidade, costumam ficar impressionados. Os professores podem fazer que até o mais desatento e bagunceiro dos alunos expresse suas impressões sobre os temas em que eles próprios são genuinamente interessados. Vi uma sala problemática, em uma região pobre, começar a prestar atenção na aula depois que a professora explicou apaixonadamente como uma grande obra da literatura mexeu com ela quando era jovem – os estudantes puseram de lado a máscara rotineira e petulante de "garotos espertos" e a ouviram atentamente, com olhos arregalados de admiração.

Entretanto, o mais comum é que questões fundamentais e fascinantes que poderiam despertar o interesse dos estudantes para aprender permaneçam não perguntadas e não respondidas – mesmo aquelas que os professores conhecem pessoalmente. *Por que alguém estudaria o ofício de ensinar e procuraria um emprego de professor?* Os professores raramente discutem com os estudantes as razões que os motivaram a escolher essa profissão. Sequer expressam a satisfação que experimentaram com sua vocação. Que tipo de exemplo é esse para alunos que apenas começaram a pensar na importância de uma vocação? Como podemos esperar que um estudante descubra um projeto vital duradouro se constantemente desviamos sua atenção de considerações sobre aspirações significativas e de longo prazo?

Se nunca fornecemos aos estudantes informações sobre o que os adultos que eles admiram acham importante; se nunca mencionamos como aqueles adultos buscaram um projeto vital; se nunca lhes oferecemos a oportunidade de refletir sobre suas buscas nem os encorajamos a formular questões essenciais sobre o que desejam fazer da vida, corremos o risco de criar uma geração que adentra a vida adulta sem uma direção – ou, ainda pior, que hesita em adentrar a vida adulta.

Os jovens levam a sério conselhos sobre como buscar realização. Em um mundo de pressões, competição, disputa de emprego e outras responsabilidades sobre as quais ele ouve sem cessar, como conseguir encontrar algo que seja ao mesmo tempo realista e significativo? Os professores raramente abordam essa questão crucial. Mas é com ela que, mais cedo ou mais tarde, todo jovem vai deparar a fim de fazer escolhas que moldarão sua vida.

Nossas escolas – pelo menos, as melhores – são adeptas da construção de habilidades básicas; e nossas faculdades e universidades expõem os jovens a um rico apanhado de ideias e de conhecimento. Tudo isso pode enriquecer a vida intelectual do estudante de forma incomensurável. Mas quando se trata de guiá-lo para caminhos que eles

· O QUE O JOVEM QUER DA VIDA? ·

acharão pessoalmente gratificantes e significativos, muitas das escolas e faculdades erram gravemente. Em geral, enfatizam o conhecimento especializado, no qual o jovem percebe limitações em sua aplicação. De tempos em tempos, quase *en passant* (como naqueles fugazes momentos das cerimônias de graduação), líderes distintos convocam os estudantes a sair pelo mundo e fazer coisas grandiosas. Mas, quando se trata de se estabelecer uma conexão entre as lições acadêmicas especializadas e essas aspirações maiores – ou seja, mostrar como o conhecimento matemático ou histórico pode contribuir para um projeto vital maior – os estudantes são deixados por conta própria. Tais conexões não fazem parte do currículo e tampouco da descrição de emprego de um professor ou catedrático.

Talvez esse tipo de conselho devesse estar a cargo de um orientador vocacional ou profissional. Mas, se assim for, nossas escolas e faculdades não estão preparadas para isso. A proporção de orientadores vocacionais para estudantes na maioria das escolas é muito baixa; e descobrir onde se podem encontrar os serviços de orientação profissional em muitas faculdades é uma aventura pelos locais mais distantes e escondidos dessas instituições. Fazer a conexão entre o que os alunos estão aprendendo e como eles podem encontrar uma carreira significativa é uma das menores prioridades nas instituições acadêmicas hoje, bem abaixo do que significam o futebol, as visitas de celebridades e os novos refeitórios.[2]

Tanto nas escolas de ensino médio quanto nas faculdades, poucos professores perdem tempo discutindo com os estudantes o sentido maior para as coisas que eles fazem no dia a dia – uma estranha omissão em instituições dedicadas à pesquisa intelectual e ao questionamento crítico. Essa "lacuna de sentido" estende-se das atuais atividades do estudante até suas perspectivas de futuro: em ambos os casos, os alunos muitas vezes ficam perplexos com o contraste entre o que têm de aprender e o que realmente vão aplicar no cotidiano. Em sentido mais amplo, é ainda menos provável que os conteúdos das salas de aula levem os alunos a refletir sobre questões essenciais como "que tipo de pessoa desejo ser?" ou "qual o sentido da minha vida?". Essas perguntas parecem abstratas demais para muitos educadores, até mesmo em cursos de filosofia. Ainda assim, elas são fundamentais para que alguém se torne uma pessoa plenamente educada.

ULTRAPASSANDO A CULTURA
IMEDIATISTA NA COMUNIDADE E NA MÍDIA

E quanto aos outros lugares onde os jovens passam o tempo – na comunidade, absorvendo a cultura popular? Que tipo de orientação eles encontram aí? É a grande loteria no desenvolvimento juvenil. Alguns têm a sorte de ter mentores adultos que os apresentam objetivos e projetos vitais que os inspiram, e também a meios práticos de alcançá-los. Outros terão contato com o melhor das artes, da história e da literatura que a mídia e as escolas são capazes de transmitir.

Mas muitos jovens permanecem à deriva, carecendo de oportunidades ou encorajamento, sem tais orientações. Estão à mercê da influência da mídia que expõe os elementos mais lascivos, frívolos e materialistas da sociedade. Um passeio aleatório pela internet, pelos programas da TV a cabo, pelos livros populares e pela música dirigida aos jovens resulta em exemplos dessa mistura degradada. Uma descrição do modo como nossa mídia de massa se dirige aos jovens é "uma corrida para baixo".[3]

A recente onda de interesse em projetos vitais é, em si, reveladora. Como observamos no capítulo 2, a antiga ideia da necessidade do propósito tem ganhado força na ciência e na literatura.[4] Mas o projeto vital *na prática* está em falta na sociedade, especialmente em relação ao modo com que criamos e educamos os jovens. Será que os escritores de hoje estão prestando atenção a esse componente essencial do progresso humano porque reconhecem, de forma consciente ou não, que ele agora está ameaçado pela maneira como organizamos nossa família e os assuntos da sociedade?

Minha intenção aqui não é ser a voz que se levanta contra o declínio da cultura contemporânea – há críticos da mídia mais do que suficientes que adorariam exercer tal papel –, mas apontar que a aculturação dos jovens não acontece sozinha. Os adultos devem atuar ativamente na criação de todo um ambiente cultural que estabeleça padrões de proteção e inspiração. Com base na informação cultural que recebem, os jovens aprendem *limites* – o que é aceitável fazer e o que não é – e, também, *exemplos positivos* – e o que é possível almejar na busca de conquistas e realizações. Esse é o aprendizado cultural que a comunidade adulta deve fornecer aos jovens a fim de que eles encontrem uma direção positiva na vida. Se deixarmos a fonte de aprendizagem social ao acaso, alguns jovens encontrarão caminhos produtivos sozinhos; muitos, porém, serão confundidos ou desencaminhados pelas muitas influências corrosivas da cultura.

Considere, por exemplo, um jovem que busque conselhos sobre que tipo de carreira seguir. Escolas secundárias, como vimos, são totalmente despreparadas para oferecer tais aconselhamentos, e é raro encontrar uma faculdade que se esforce nesse sentido. Alguns pais ou parentes podem dar algumas dicas úteis, mas a maioria deles ou não é suficientemente informada sobre o atual mundo do trabalho ou tem seus próprios preconceitos ("Você deveria fazer o que eu faço"), o que pode desacreditá-los aos olhos dos jovens ouvintes. Assim, eles acabam contando somente com a mídia. Hollywood os bombardeia com imagens glamorosas de trabalhadores sem nenhuma das preocupações do "mundo real" com os verdadeiros desafios, as oportunidades e a satisfação.

Quanto aos livros, em 2006, dois dos maiores campeões de vendas na temática de finanças pessoais passavam a mensagem de que as carreiras que valiam a pena eram apenas aquelas com potencial de enriquecimento. Um deles contrastava um empresário bem-sucedido com um professor, que era descrito como tendo acabado "falido".[5] Outro afirmava sem rodeios que "pessoas de classe média são medíocres no que fazem, e os pobres executam seus serviços pobremente".[6] Até mesmo o *Wall Street Journal*, que não é propriamente inimigo dos plutocratas, em uma resenha sobre o livro, queixou-se: "Policiais e freiras por aí poderiam, com toda razão, sentir-se ofendidos com esse tipo de pensamento".[7] Mas poucos jovens têm a experiência ou a maturidade de um crítico literário escolado. Ao consumir livros desse tipo e outras mensagens culturais similares, só podem concluir que a maioria das carreiras disponíveis – das quais muitas são essenciais para a sociedade e profundamente gratificantes para aqueles que as seguem – são apenas para fracassados.

Nada disso é útil para alguém que está prestes a ingressar na vida adulta. Na verdade, é pior do que inútil: é comprovadamente falso, contraproducente e desencorajador. Deveria, na verdade, existir uma abordagem que desviasse a atenção do jovem de metas imediatistas que não trazem satisfação duradoura e o aproximasse de objetivos que possam ser significativos agora e no futuro. Em um sentido mais amplo, os jovens também precisam ouvir mensagens culturais que os inspirem a participar como cidadãos ativos na nossa sociedade. Devido, em grande parte, aos exemplos de homens públicos que eles veem na mídia, como observei anteriormente, muitos jovens deram as costas aos interesses cívicos e políticos.

Nem a mídia nem os líderes públicos prestam a devida atenção à postura dos jovens com relação à vida cívica. Encorajar o engajamento na sociedade civil não está entre as principais prioridades das escolas, da mídia ou de quaisquer outros agentes de cultura. A única explicação para isso é o fato de termos perdido de vista o que importa, em longo prazo, no desenvolvimento de uma pessoa. É preciso que recapturemos aquela percepção mais profunda e iluminada. Como o respeitado líder internacional Dag Hammarskjöld disse certa vez: "Apenas aquele que mantém os olhos fixos no horizonte pode encontrar o caminho certo". É nossa responsabilidade como adultos, nesses tempos incertos, confusos e cada vez mais cínicos, proporcionar orientação mais ampla à geração mais jovem.

ULTRAPASSANDO O IMEDIATISMO EM CASA

Recentemente, uma mãe enviou-me o seguinte e-mail:

> Alguns meses atrás, minha filha virou-se para mim e disse que havia assistido a um documentário sobre tráfico humano e como garotas eram vendidas como escravas, e estava tão horrorizada que uma coisa dessas pudesse acontecer em vários países, inclusive os Estados Unidos, que ela precisava fazer algo a esse respeito. Eu lhe disse: "Porque você não desenvolve um programa de conscientização na escola? Ou arrecada fundos para combater esse problema?" Disse-lhe também que essa seria uma grande ideia, pois ela poderia escrevê-la e adicioná-la à sua carta de solicitação de admissão nas faculdades que tinha em vista e que isso lhes causaria ótima impressão. A essa altura, ela olhou para mim e disse, com certo desapontamento, para não dizer cinismo: "Está certo, mãe, tudo gira em torno de mim, não é mesmo?" Merecidamente, me enchi de vergonha naquele momento e depois percebi que eu estava contribuindo para o problema que você discutia. Esse é um pequeno exemplo que ilustra, porém, como tantas vezes, na tentativa de tornar nossos filhos competitivos no mercado de trabalho, tomamos qualquer preocupação que eles demonstrem pelo bem-estar dos outros, que poderia vir a se tornar um projeto vital em longo prazo, e a transformamos em um objetivo limitado e egoísta.

Citei esse e-mail aqui não porque seja assombroso ou incomum, mas, ao contrário, porque é um exemplo de interação entre adultos e jovens que tenho testemunhado com frequência ao longo dos últimos anos.

Os jovens são mais perspicazes do que os adultos à sua volta imaginam. Eles enxergam o cerne da orientação que é motivada por pouco mais do que uma calculada autopromoção ou, ainda mais desencorajador, abjeta autoproteção. Têm consciência do cinismo que há por trás disso. Em respeito àqueles que dão tais conselhos, eles podem até se ajustar e seguir o que lhes foi recomendado, mas raramente com entusiasmo.

O estranho é que as pressões sofridas por muitos jovens em direção a oportunidades vazias geralmente têm pouca relação com necessidades materiais. Na verdade, a maior pressão vem das famílias mais ricas. David formou-se recentemente na faculdade e passou alguns verões com um grupo de caridade dedicado a ajudar crianças carentes. Após a faculdade, ele pretendia trabalhar em tempo integral com esse grupo, auxiliando-o a organizar seus esforços em angariar fundos e executando trabalhos administrativos para ele. O pagamento daria apenas para sua subsistência, e David não sabia aonde isso ia levá-lo – talvez, para uma carreira voltada para a filantropia ou para a medicina, ou, quem sabe, para uma carreira legal no serviço público. Teria sido um trabalho duro e incerto, mas os olhos de David brilhavam quando falava nele. Seu pai, entretanto, opôs-se veementemente, dizendo que o filho deveria fazer uma pós-graduação antes de aceitar tal trabalho. O pai de David, um rico homem de negócios que conquistara tudo que tinha pelo próprio esforço, provavelmente via o mundo como um lugar doentiamente competitivo e que se tornava pior a cada dia. Talvez temesse que David ficasse para trás e nunca mais conseguisse recuperar os anos de juventude gastos em uma missão humanitária mal definida.

O confronto entre pai e filho degringolou a tal ponto que eles chegaram a verbalizar ameaças de rompimento – comunicações cortadas, deserdação, xingamentos – no calor de várias discussões. Finalmente, os dois recuaram, mas os sentimentos de mágoa e desconfiança já haviam se instalado entre os dois. No final, David tirou um ano de férias, no qual trabalhou como voluntário em meio expediente para o grupo, enquanto se candidatava a cursos de pós-graduação em direito. Suas solicitações de admissão até agora não foram bem-sucedidas: talvez elas reflitam sua falta de entusiasmo por esse curso. Qualquer que seja o caso, David ainda encara um futuro incerto, só que, agora, visivelmente com menos confiança, paixão ou compromisso.

Os primeiros esforços na vida são importantes porque podem influenciar o desenvolvimento.[8] Podemos dizer sem medo de errar que, antes que David seja capaz de seguir em frente e confiante em uma carreira que o satisfaça, precisa resolver os conflitos que resultaram de suas primeiras tentativas de fazer uma contribuição séria. Na pior das hipóteses, uma bola de neve de associações negativas começa a rolar e continua a crescer vida afora, enquanto ganha tamanho e impulso. Um sonho postergado pode ser interpretado como um fracasso pessoal, que, então, torna-se uma prova da inadequação pessoal, que, por sua vez, é interpretada como uma razão para postergar ou desistir de outros sonhos, e assim por diante, em um ciclo de desesperança e derrota. Por isso é tão importante apoiar os primeiros esforços de um jovem. É essencial encorajar o esforço que o conduzirá a direções produtivas e gratificantes em longo prazo.

Para muitos dos jovens de hoje, um primeiro esforço com consequência em longo prazo (embora surpreendentemente pouco notado) é a carta de solicitação para admissão na universidade.* Essas cartas de solicitação geralmente são a primeira oportunidade séria que os estudantes têm de apresentar seus planos, metas e conquistas para entidades respeitáveis que os avaliarão, decidindo aceitá-los ou não. A maneira com que os estudantes abordam essa tarefa estabelece o tom para outras situações em que tenham de se apresentar dali para a frente. Vão se sentir confiantes ao se apresentar em outras avaliações ao longo

---

* Isso faz parte do sistema norte-americano de ingresso no curso superior. No Brasil, os candidatos são selecionados por meio do vestibular. [N. T.]

da vida? Aprenderão a mostrar o melhor de si de maneira verdadeira quando falarem das conquistas anteriores ou vão exagerar, distorcer e fazer as coisas parecerem melhores do que são?

As questões que as solicitações de admissão nas faculdades levantam são: os estudantes falam abertamente sobre o que buscam no ensino superior, ou simplesmente tentam imaginar o que a faculdade deseja ouvir deles? E, mais diretamente, será que são eles mesmos que escrevem essas solicitações?

Seria ingênuo ignorar o segredo mal disfarçado de que muitas das dissertações de solicitação de admissão hoje em dia são de autoria, na maior parte das vezes, dos pais; e que as apresentações contidas nas declarações dos estudantes são geralmente falsas, na melhor das hipóteses, e desonestas, na pior. Consultei vários departamentos de admissão de universidades proeminentes nos últimos anos, e posso praticamente citar de cor o que os estudantes e seus pais-editores escrevem para cair nas graças dos responsáveis pelas admissões: *Quero fazer diferença no mundo; aceitar muitos desafios; tenho metas ambiciosas; seguir minhas paixões; aprender tudo que há para saber na área que escolhi; contribuir para a comunidade na faculdade e fora dela; devotar-me a melhorar a condição humana.* Se tais sentimentos emanassem sinceramente dos estudantes, seriam maravilhosos. E, em alguns casos, de fato o são. Mas, para a maioria dos estudantes, usar declarações desse tipo é pouco mais do que um exercício vazio de enganação, sob os olhos vigilantes dos pais que dirigem a encenação e escrevem a maior parte do roteiro.

O que há de errado com isso? Do lado bom, isso certamente demonstra a preocupação dos pais com os filhos e sua afeição por eles. Além disso, qualquer ajuda dos pais possibilita ao jovem uma oportunidade de aprender habilidades práticas valiosas. Não é direito de todo estudante competir pelas melhores oportunidades disponíveis? Por que um pai não deveria fazer o que estivesse ao seu alcance para que o filho fosse aceito em uma boa universidade? Há muitas boas razões para dar orientação e auxílio a um filho em qualquer situação, inclusive na solicitação de admissão em uma universidade.

Ainda assim, qualquer abordagem que, em vez de apoiar, substitua os esforços dos próprios jovens pelos dos adultos, tem uma série de consequências indesejáveis. Com relação à moral, seria desonesto; e participar intencionalmente de um ato desonesto com um jovem pode transmitir a ele a mensagem errada sobre verdade.[9] Com relação ao lado prático, encontrar o lugar que mais combine com o jovem é muito mais importante para a felicidade final do estudante do que garantir uma vaga em uma boa universidade. É contraproducente mascarar a verdade sobre as genuínas conquistas, metas e interesses do jovem, porque isso atrapalha a descoberta da combinação perfeita. Muitos estudantes, orientados pelos pais na busca de status, lutam para entrar em lugares aos quais não pertencem, apenas para descobrir, após fracassar, que seus interesses e potenciais são mais bem reconhecidos e realizados alhures. Então, se veem obrigados a interromper os estudos e procurar outro curso; e o tempo perdido e os riscos envolvidos são desnecessários. Essas preocupações são bem conhecidas pelos educadores.

APROFUNDANDO A ORIENTAÇÃO DOS PAIS

Numa mudança em grande parte positiva, os jovens de hoje conversam com os pais e outros adultos mais intensa e francamente do que os da geração anterior. Agora é comum escutar os pais, gerados no *baby boom*, observarem, com um misto de surpresa e delícia, que seus filhos falam com eles com frequência e detidamente sobre os seus problemas mais sérios e íntimos, na verdade, *pedindo conselhos*. "As últimas pessoas no mundo a quem eu consultaria sobre uma decisão seriam os meus pais", muitos adultos da minha idade dizem. "Mas meus filhos, surpreendentemente, parecem querer saber minha opinião!"

Como acontece com toda mudança social, há várias explicações para o fenômeno. Um empresário amigo meu sugeriu que é apenas uma consequência dos telefones celulares e das tarifas telefônicas de longa distância mais baratas. Um estudo sociológico descobriu que as pessoas estão mais próximas da família, mas isoladas dos vizinhos, significando que estamos cada vez mais propensos a discutir assuntos importantes apenas com o núcleo familiar: mãe e pai. De acordo com esse estudo, "a imagem geral que se tem é de laços familiares mais profundos e homogêneos, que cada vez se estreitam mais, fechando-se num círculo menor, mais intimamente conectado e mais concentrado nos laços muito fortes do núcleo familiar (esposos, pais e parceiros)".[10] Isso traz os bem-vindos benefícios de uma comunicação entre pais e filhos mais íntima e frequente, o que oferece aos pais oportunidades de influenciar os filhos. Mas nem sempre aproveitamos essas oportunidades. Os pais podem não estar sabendo utilizar essas conversas íntimas para oferecer aos filhos orientação que estes considerem construtiva ou importante. Em consequência, a orientação que o jovem recebe sobre as questões mais importantes da vida – objetivos que desejam atingir, orientações futuras que considerem significativas, causas pelas quais vale a pena lutar e sua própria razão de viver – quase sempre são desprovidas de um projeto vital maior. Em tais casos, como o da garota citada anteriormente no e-mail da mãe, os jovens podem achar o conselho desconfortavelmente egoísta e nada inspirador, e talvez se afastem, melancólicos e angustiados, em vez de sentir-se encorajados e esperançosos.

Os jovens dão muito valor à orientação de adultos que se importam com eles e têm mais experiência. Para ser mais útil, a orientação deve falar às aspirações mais elevadas do jovem. Mas isso não significa alimentar sonhos românticos de dominar o universo. Os jovens não desejam ser poupados da dura realidade; o que querem é aprender a realizar seus sonhos diante de tal realidade. Ensiná-los os verdadeiros degraus que devem galgar a fim de atingir aspirações é educativo, no melhor sentido da palavra.

O problema é que muitos jovens não estão recebendo orientação que respeite seus projetos vitais e, ao mesmo tempo, lhes forneça conselhos práticos e construtivos. Quase sempre o que escutam dos adultos são advertências nefastas e estratégias engenhosas para vencer a competição. Quando isso acontece, os jovens não apreendem modos realistas de perseguir seus projetos vitais; em vez disso, consideram-nos irreais, sem que lhes apresentem quaisquer alternativas que possam inspirá-los. Podemos fazer melhor do que isso. Em casa e na comunidade, podemos ajudar os jovens a perseguir suas aspirações de maneira realista. O capítulo seguinte orienta os pais e os adultos a fomentar a descoberta do projeto vital na vida do jovem.

NOTAS

1   ASTIN, A. "The changing American college student: 30 year trends, 1966-1996". *Review of Higher Education*, v. 21, n. 2, 1998, p. 115-35. De acordo com estudos subsequentes, a dupla tendência que Astin e seus colegas observaram – um aumento nos objetivos materiais dos estudantes combinado com um decréscimo dos objetivos relacionados com o significado de vida – continuou a ganhar força durante a primeira década do século XXI.

2   Para uma crítica mordaz disso e de outras deficiências afins das instituições acadêmicas de hoje, veja BOK, D. *Our underachieving colleges*. Princeton: Princeton University Press, 2005.

3   A divulgação de material repugnante é incessante e irreprimível. Depois que o MySpace e o Facebook retiraram do ar o conteúdo relativo a sexo e violência, surgiu grande quantidade de outros sites, muito acessados, para substituí-los – veja STONE, B. "Young turn to web sites without rules". *New York Times*, 2 jan. 2007, p. 1.

4   Veja a página na web da JTF (templetonfoundation.org) para outros estudos sobre projeto vital nas ciências da vida e na cosmologia.

5   KIYOSAKI, R.; LECHTER, S. *Rich dad, poor dad: what the rich teach their kids about money – And the poor and middle class do not*. Nova York: Warner Books, 1997. [Em português, *Pai rico, pai pobre – O que os ricos ensinam a seus filhos sobre dinheiro*. Rio de Janeiro: Campus, 2000.]

6   EKER, T. H. *Secrets of the millionaire mind*. Nova York: Harper Collins, 2005. [Em português, *Os segredos da mente milionária*. Rio de Janeiro: Sextante, 2006.]

7   LIEBER, R. "Boiling down top finance books". *Wall Street Journal*, 30 dez. 2006, p. B1.

8   Para uma discussão mais aprofundada das causas iniciais e do subsequente efeito bola de neve no desenvolvimento juvenil, veja DAMON, William. *Social and personality development: infancy through adolescence*. Nova York: W. W. Norton, 1983.

9   DAMON, William. *The moral child*. Nova York: Free Press, 1992.

10   McPHERSON, M.; SMITH-LOVIN, L.; BRASHERS, M. "Social isolation in America: changes in core discussion networks over two decades". *American Sociological Review*, v. 71, 2006, p. 371.

6 O papel dos pais no projeto vital

"**ALGUMAS CRIANÇAS** já nascem com projetos vitais ou isso é algo que todos precisam aprender?" "O que os pais podem fazer para que seus filhos adquiram noções sobre o projeto vital?" "Como posso falar com meus filhos sobre esse assunto sem parecer que estou fazendo um sermão ou sendo intrometido?"

Essas são algumas das perguntas frequentes que ouço quando dou palestras falando de minha pesquisa sobre projetos vitais na juventude para grupos de pais. Certamente não tenho a pretensão de ter todas as respostas sobre criação de filhos nos dias de hoje. Na verdade, costumo me descrever como um "sobrevivente" de três adolescentes, e em meio às muitas alegrias da paternidade quase sempre me senti totalmente desconcertado. Mas realmente acredito que as descobertas que apresento neste livro oferecem importantes orientações para os pais quando se trata de estimular a noção de projeto vital em seus filhos. As dificuldades de alguns jovens citadas nos capítulos 1 e 3, e as lições daqueles que têm projetos vitais retratados no capítulo 4 revelam muitas conclusões importantes.

Minha intenção aqui não é oferecer uma orientação geral aos pais, mas sim destacar maneiras específicas com as quais eles podem obter mais eficácia na missão de fomentar projetos vitais. A abordagem que descrevo é bastante engajada, e gira em torno do compartilhamento dos pais com os filhos, de seus valores e de sua visão de mundo, prestando muita atenção nas expressões de interesse e fazendo tudo que estiver ao alcance para apoiar esse interesse. Ultimamente, muito se tem falado sobre pais superprotetores, mas, como comentei anteriormente, essa e outras críticas semelhantes do envolvimento dos pais pecam em um ponto. Os pais *devem* ser atentos e engajados na vida de seus filhos. A questão é não se tornarem dominadores.

Os pais têm sido confundidos por diversas tendências que vêm e vão. Passado algum tempo, antigas práticas não só parecem ultrapassadas como tolas. A Era Progressiva* do começo do século XX, apoiada pela emergente ciência da psicologia, levava em conta os pensamentos e os sentimentos das crianças, opondo-se à tradicional percepção vitoriana de que as crianças eram "para ser vistas, não ouvidas" que foi substituída por uma doutrina "centrada na criança". Essa doutrina dominou as práticas da criação de filhos pelo restante do século, a ponto de os pais serem aconselhados, nas palavras de uma autora influente, a sempre "colocar as crianças em primeiro lugar": prestar muita atenção aos seus desejos, respeitar suas ideias, poupá-los de experiências frustrantes e incentivar sua autoestima sempre que possível.[1] Essa abordagem mais bondosa e gentil foi considerada inquestionável avanço em relação à rudeza da prática anterior.

Ainda assim, já no final do século XX, iniciou-se uma reação contrária ao que, então, começava a ser visto como um método mais do que indulgente de criação, permissivo e centrado na criança. Os jornais noticiavam uma elevação alarmante na taxa de criminalidade juvenil, enquanto adultos perplexos trocavam histórias sobre o comportamento doentio das crianças dos vizinhos. Livros com títulos como *Because I said so* [Porque eu estou mandando], *Spoiled rotten – Today's children and how to change them* [Os mimados – As crianças de hoje e como transformá-las], *No: why kids – of all ages – need to hear it and ways parents can say it* [Não: por que as crianças de todas as idades precisam ouvi-lo e como os pais devem dizê-lo], e o meu próprio, *Grandes expec-*

---

* Período da história americana caracterizado por reformas econômicas, políticas, sociais e morais, em reação às mudanças trazidas pela industrialização, que durou dos anos de 1890 até a década de 1920. [N. T.]

tativas, começaram a surgir nas estantes de livros dos pais, e as noções de disciplina, autoridade paterna e padrões de comportamento, até então consideradas antiquadas, passaram a reconquistar prestígio.

Tais mudanças nas tendências sociais podem ser saudáveis na medida em que são provocadas por adaptações a novas circunstâncias ou por ajustes no caminho que se mostrou incorreto. A revolução que ocorreu no início do século XX, colocando as crianças no centro das preocupações sociais, trouxe muitos avanços na maneira como as tratamos, da abolição do trabalho infantil à melhor comunicação entre pais e filhos. No mesmo espírito, o atual movimento "Diga sim ao não" (que alguns pais começaram a organizar)[2] pode ser visto como o esforço para evitar que a criança pense que, não importa o que faça, não importa até que ponto seja problemática ou inepta, sempre vão passar a mão sobre sua cabeça.

Devemos sempre ter consciência, entretanto, que quando uma nova tendência se instala, cria suas próprias distorções e pontos cegos, que devem ser evitados e combatidos. É frequente que não percebamos, por muito tempo, os subprodutos negativos das novas tendências. Levou muito tempo para que a sociedade percebesse que a benéfica preocupação com a segurança psicológica e o bem-estar das crianças levou ao enfraquecimento de regras básicas, e que as vítimas dessa demora em nossa percepção ainda estão se tornando notícia. Agora, uma orientação mais firme por parte dos pais voltou à moda, mas essa mudança, inevitavelmente, será acompanhada por novos riscos. Devemos examinar continuamente nossas "certezas" sobre as necessidades das crianças, a fim de evitar seguirmos cegamente quaisquer tendências que, não importa quão sensatas possam parecer, sempre apresentarão falhas.

Não importa o que eu ou outra pessoa tenha escrito sobre os méritos da disciplina, algo é certo: "dizer não" não basta como orientação quando se trata de criar filhos. E, quanto a padrões, como observei no capítulo l deste livro, é um engano pensar que os jovens podem progredir a menos que vejam sentido nos padrões que tentem alcançar.

Tendo apresentado os perigos de qualquer orientação específica para a criação de filhos, sinto-me confiante em afirmar que o que urge aos pais hoje, em um mundo de crescente incerteza econômica, cultural e social, é ajudar os filhos a adquirirem completo senso de direção que os conduza através dos "campos minados" da desorientação, da confusão, da apatia, da ansiedade, do medo e da alienação que ameaçam sua geração. Também estou convencido de que a chave para esse sentido de direção é encontrar um projeto vital. Embora os pais não possam simplesmente dar um projeto vital aos filhos – e, de fato, qualquer esforço vigoroso ou controlador nesse sentido provavelmente terá repercussões adversas –, ainda assim há muito que os pais podem fazer.

Os pais têm rica experiência de vida e certo grau de sabedoria; e não há dúvida de que as crianças se beneficiam ao serem expostas aos seus conhecimentos. A chave está no modo como estes procuram orientá-las em direção a um projeto vital que seja genuinamente do interesse da própria criança. Os pais não devem ser autoritários ou abertamente assertivos. Como muitos descobriram, as crianças não recebem bem sermões ou ordens, especialmente em uma questão profundamente pessoal como a de encontrar um autêntico projeto vital. As crianças devem saber que estão descobrindo seu próprio caminho em direção aos projetos vitais de sua escolha, e os pais não podem fazer essa escolha por eles.

O que os pais *devem* fazer é direcionar a criança para opções promissoras. Eles podem ajudá-la com as escolhas e a refletir sobre como os seus talentos e interesses combinam com as oportunidades e necessidades do mundo. Os pais podem apoiar os esforços da criança de explorar direções que resultem em projetos vitais, e abrir novas fontes potenciais para que estes surjam. Devem ser muito mais coadjuvantes do que protagonistas, pois o papel principal nessa peça cabe à criança. Mas, embora a assistência dos pais seja indireta, ela é inestimável.

Posso imaginar alguns pais se perguntando: "Mas o que eu realmente posso fazer?"

ALGUMAS CRIANÇAS NASCEM COM MAIS PROJETOS VITAIS QUE OUTRAS?

Nos últimos anos, a ciência do desenvolvimento humano vem descobrindo um número crescente de capacidades e disposições naturais que as crianças já têm ao nascer. Estudos sobre o comportamento de recém-nascidos e bebês mostram que toda criança sadia é capaz de demonstrar empatia, de criar laços com quem cuida delas, de aprender uma linguagem e um sem-número de outras ações pró-sociais. Também sabemos que existem diferenças individuais entre as crianças ao nascerem, e que algumas dessas diferenças têm consequências para o tipo de personalidade que vão desenvolver. Algumas crianças são mais ativas do que outras; algumas são tímidas, outras são gregárias; e outras ainda nascem com capacidade motora excepcional, que lhes proporciona vantagem nos esportes ou na música. À medida que formos aprendendo mais coisas com o estudo do cérebro, do comportamento e das predisposições genéticas, certamente descobriremos outras tendências naturais que possam ser atribuídas à herança biológica.

Ainda assim, tenho certeza de que jamais descobriremos um gene para o projeto vital. A fim de encontrá-lo, a criança precisa pesquisar o mundo à sua volta e determinar onde e como ela pode deixar sua contribuição. Ela deve aprender a se conhecer suficientemente bem para perceber como seus talentos e interesses encaixam-se em algum nicho que o mundo tem a oferecer. Isso significa que ela deve vir a conhecer tanto a si própria como ao mundo no qual está crescendo, que pode não ser o mesmo em que os seus pais cresceram. Ela deve formular objetivos de longo prazo e de fazer diferença no mundo, e aprender a traçar um plano realista para perseguir suas metas. Tudo isso constitui tarefa criativa baseada na consciência da própria criança sobre suas predisposições naturais – crianças sem ouvido para música provavelmente não deveriam aspirar a uma carreira no canto lírico –, mas isso é apenas o começo da busca de um projeto vital. Ainda mais essencial nessa busca é a avaliação que a criança faz de como suas crenças e seus desejos pessoais podem combinar com as necessidades que identificam no mundo a seu redor. Por isso, a criança deve observar, experimentar e refletir sobre o significado do que observou. Muitos considerarão tal tarefa um desafio, mas toda criança tem condições de enfrentá-la. E é aí que entra o papel importante dos pais.

Um preceito fundamental para a abordagem que defendo, a de fomentar projetos vitais nas crianças, é: *tudo que fazemos com os jovens conta*. Embora não haja meios de prever (ou controlar) quando algo que dizemos ou fazemos calará fundo nelas, as crianças são ouvintes e observadoras atentas, e cedo ou tarde registram o que percebem. E não é só isso: tudo que *deixamos* de falar, ou escolhemos *não* dizer, também conta, de maneiras que, repito, nem sempre somos capazes de controlar, prever ou detectar.

Tomemos, por exemplo, os conselhos que todos nós recebemos em nossos primeiros anos de vida, que causaram uma impressão duradoura. No começo do meu primeiro ano no ensino médio, um severo professor de inglês, chamado John Hawes, repreendeu-me por entregar uma tarefa malfeita e incompleta que revelava pouco mais do que minha própria preguiça. Minha desculpa (que, por incrível que pareça, devo ter pensado ser legítima) foi a de que não achava que tal tarefa "contasse" muito. O sr. Hawes pousou em mim um olhar grave e disse: "Sr. Damon, tudo que você faz neste mundo conta".

Não estou sugerindo que a mensagem do sr. Hawes tenha mudado minha vida instantaneamente, ou que a tenha recebido na época como uma revelação profunda. Mas a ideia de que as *coisas têm importância* de fato impressionou-me, e foi reforçada ao longo dos anos pela sabedoria de outras pessoas, e também por minhas próprias experiências e observações. O que esse professor em particular me disse naquela ocasião mudou a minha maneira de encarar a vida, e até hoje funciona como um marco para mim, décadas depois.

Perdi a conta de quantas vezes ouvi pais se queixarem de que seus filhos nunca os escutavam, ou expressarem sua falta de confiança de que tivessem influência real na escolha que os filhos faziam. Sempre que ouço isso, digo que seria capaz de apostar que seus filhos *acabariam* refletindo sua influência em seus valores e em seu comportamento, embora eu não pudesse especificar exatamente quando ou de que maneira. Embora até hoje ninguém tenha aceitado tal aposta (talvez por ela parecer imbatível por ser tão vaga), ela ainda não parece tranquilizar as pessoas quanto ao seu poder como pais.

Uma das razões pelas quais os pais têm pouca confiança em sua capacidade de influenciar os filhos é, creio eu, que normalmente esperamos resultados rápidos. A influência dos pais é exercida ao longo do tempo, e mostra-se claramente apenas depois que a criança cresce e deixa o lar. A influência da criação tende a ser profunda, porém nem sempre ampla: os filhos tomarão suas próprias decisões sobre todo tipo de coisas, do penteado à política, ainda que, em longo prazo, façam escolhas que reflitam os valores básicos que adquiriram no decorrer da interação com os pais.

Com isso em mente, uma das dicas mais importantes para os pais é de que eles não devem procurar *criar diretamente* um projeto vital para os filhos. Os pais não são capazes de identificar um projeto vital para a criança, do mesmo modo que não podem escolher a personalidade que ela vai ter ou escrever um roteiro para a vida dela. Mas os pais podem apresentar opções, bem como orientar a criança a refletir sobre o valor pessoal e social dessas opções, ajudando-a a formular planos realistas para persegui-los. E o melhor que os pais podem fazer por seus filhos é apoiar as escolhas que eles fizerem.

Outro aspecto importante: os pais devem retirar o apoio se estiverem convencidos de que a escolha da criança é equivocada, no sentido de que possam ser destrutivas para elas próprias e para os outros. Mantê-la longe de caminhos perigosos é fundamental.

Então, conhecendo esses pontos gerais sobre a difícil missão de criar filhos, como os pais podem ser mais eficientes ao ajudá-los a descobrir um projeto vital?

PERCEBA COM ATENÇÃO A CENTELHA E, DEPOIS, ATICE AS CHAMAS

Como argumentou de maneira convincente Peter Benson, presidente do Search Institute de Minneapolis (primeira organização comunitária para o desenvolvimento juvenil), toda criança tem uma "centelha" de interesse escondida em algum lugar, não importa quão *blasée* possa parecer no tocante a atividades do dia a dia.[3] Ninguém melhor do que os pais para encorajar a criança a articular seu interesse e fazer algo a respeito.

Os pais conhecem seus filhos no mínimo tão bem quanto qualquer pessoa poderia conhecê-los; mas, mesmo assim, eles não sabem muito sobre os sonhos, as aspirações e as esperanças que tantas vezes as crianças mantêm escondidos. Quando se trata de discutir planos futuros, os pais estão acostumados a ficar com a maior parte do diálogo. A fim de obter o conhecimento das aspirações mais recônditas da criança, eles precisam praticar a arte de conversar formulando boas perguntas e prestando atenção nas respostas.

Sobre o tema projeto vital, o roteiro da entrevista usada em nosso estudo – incluído como Apêndice neste livro – contém perguntas que certamente despertam a reflexão da criança sobre tal tema: *O que considera mais importante em sua vida? Por que você se importa com essas coisas?*

Você tem algum objetivo de longo prazo? (...) Por que esses objetivos são importantes para você? O que significa levar uma boa vida? O que significa ser uma boa pessoa? (...) Ao olhar para trás avaliando a sua vida, como gostaria de ser lembrado? Por mais elementares que tais questões possam ser, elas raramente são formuladas em diálogos entre pais e filhos.

Uma conversa que gire em torno dessas questões desperta o tipo de reflexão na criança que pode resultar em pensamentos e ações voltados para um projeto vital. Também revela aos pais as esperanças e os sonhos da criança, proporcionando ricos *insights* sobre como oferecer o melhor tipo de apoio.

Esses *insights* revelam melhor compreensão do estágio em que a criança se encontra na sua busca por um propósito. Recordemos os grupos de jovens descritos no capítulo 3: desengajados, sonhadores, superficiais e os que têm projetos vitais. Prestar atenção nas respostas da criança a questões como as descritas anteriormente pode ser bastante revelador quanto a sua orientação presente. Será que ela não tem projeto vital algum, não tem objetivos sustentáveis ou planos além dos impulsos aleatórios de cada momento? Ou será que a criança é superficial, está envolvida com atividades potencialmente produtivas, mas ainda não compreendeu o significado dessas atividades nem apresentou boas razões para se comprometer com elas? Será que a criança está sonhando com projetos vitais nobres sem trabalhar meios realistas de atingi-los? Ou será que ela já tem projetos vitais, com claros objetivos que proporcionam preocupações maiores pelas quais ela julga que vale a pena lutar?

Determinar quão longe a criança foi é o primeiro passo para avaliar como os pais podem oferecer assistência. Tirar partido das oportunidades de conversar com a criança e ajudá-la a expressar um interesse e conscientizar-se de como pode perseguir tal interesse é vital. Geralmente, tais oportunidades surgem como uma surpresa, quando menos se espera. É importante estar sempre atento.

Como seria um diálogo eficaz entre pais e filhos? De que forma os pais podem fazer a criança se abrir? Eis aqui um exemplo, entre infinitas possibilidades, de como os pais (frases em itálico) podem fazer um adolescente relutante falar, após um dia comum de escola. Esse exemplo é inspirado em diálogos verdadeiros gravados por mim.

— *O que aconteceu na escola hoje?*
— Sei lá, nada de mais.
— *Nada de interessante mesmo?*
— Não.
— *Você acha que está perdendo seu tempo lá?*
— Bem, acho que estou aprendendo coisas.
— *O que está aprendendo que parece ser importante para você?*
— Biologia é importante.
— *Por quê?*
— Vimos um filme na aula sobre animais e poluição, semana passada.
— *Animais e poluição?*
— Muitos animais estão morrendo por causa da poluição, e algumas pessoas estão adoecendo por causa dela; algumas fábricas despejam dejetos na água, também.
— *Ah, sei. Você tem pensado muito sobre isso?*
— Sim, mais ou menos.
— *Por que isso é importante para você?*
— Bem, sabe, desde que eu era pequeno sempre amei os animais. Comecei a me importar com animais quando compramos o Charlie [um animal de estimação].
— *Claro. Eu sei. Você acha que teria interesse em estudar esse tema mais a fundo?*
— Você quer dizer sobre animais?
— *Bem, como eles são afetados pela poluição, e, talvez, o que pode ser feito quanto a isso.*

— Eu gostaria de fazer algo a esse respeito.

— *Você tem alguma ideia do que gostaria de fazer?*

— Ficamos sabendo de um programa de limpeza ambiental no Alasca que salvou os lobos de lá. Isso é legal.

— *Sabe, se você mantiver o interesse nisso, há muitas maneiras de estudar esse assunto e, quem sabe, um dia conseguir um emprego nesse campo de trabalho.*

— Acho que é preciso estudar bastante ciências para isso.

— *Sim, provavelmente. Você sempre se saiu bem em ciências e em matemática.*

— Sim, sou bom nessas matérias. Sei que para muitos empregos hoje em dia você precisa de matemática e ciências.

— *Você sabe que há um campo de ciência ambiental que você poderia estudar na universidade?*

— Sim, estou começando a me interessar pela ideia de fazer algo ligado ao meio ambiente, ou talvez algo na área de veterinária.

— *São boas carreiras. E precisam de muita gente boa nesses campos hoje em dia.*

— É algo que preciso verificar quando estiver procurando universidades, o que eles oferecem nessas áreas.

— *Parece que você será um bom amigo dos animais de um jeito ou de outro.*

— Sim, acho que você pode cuidar dos que estão doentes ou prevenir que adoeçam, para começo de conversa.

— *Faz sentido. Mantenha isso em mente, se desejar. Talvez haja um emprego temporário na época das férias no qual você pudesse atuar para ver como é trabalhar nessas áreas.*

— Está certo. Posso perguntar ao sr. Henry [professor de ciências] sobre isso.

— *E nós também podemos perguntar por aí para você.*

• O QUE O JOVEM QUER DA VIDA? •

Nessa conversa, o pai aplica uma espécie de abordagem socrática*, partindo dos interesses da criança e ajudando-a a fazer conexões entre as várias questões que já haviam apontado em sua imaginação. Quando os pais estimulam a criança a pensar sobre *algo* que ela achou interessante na escola, ajudam-na a adquirir consciência de uma potencial "centelha" que venha a se transformar em uma preocupação duradoura. Os pais, então, devem disponibilizar informação para a criança que a ajude a transformar essa preocupação em um compromisso mais sério, ou, talvez, até em uma carreira, se a criança assim decidir. Um aspecto crucial dessa conversa é a maneira delicada como o pai guia o filho a um leque de possibilidades que partem dos próprios interesses e talentos da criança. Do início ao fim do diálogo, o garoto faz importantes declarações que revelam que ele tinha boas informações sobre o assunto; no início, "Biologia é importante" e, no final, "Sim, acho que você pode cuidar dos que estão doentes ou prevenir que adoeçam, para começo de conversa". O pai não está dizendo ao filho o que pensar; em vez disso, apresenta a ele diversas possibilidades em que poderá perseguir o interesse manifestado.

É claro que nem sempre os jovens manifestam seus interesses facilmente para os pais. Os primeiros indícios de projetos vitais na maioria das vezes são provisórios e silenciosos, e a criança pode ainda não se aperceber de que está desenvolvendo um interesse no que pode vir a se tornar uma fonte de tais projetos. É comum também que os jovens sejam cuidadosos ao expressar seus interesses, pois não podem prever a reação dos pais. Perceber esses primeiros sinais de projeto vital é um desafio, e pode levar a certa frustração e ao que pode ser interpretado como um passo em falso.

No início, os pais devem ter consciência de que os primeiros indícios de projetos vitais são como sementes de grama que espalhamos

---

* O autor se refere à maiêutica, uma das formas pedagógicas do método socrático. Sócrates acreditava que a própria pessoa trazia as respostas de que precisava dentro de si e seu método de extraí-las para chegar a uma conclusão consistia em aplicar múltiplas perguntas a fim de obter, por indução dos casos particulares e concretos, um conceito geral do que estava sendo estudado. [N. T.]

pelo jardim: somente algumas germinam, e não podemos ter ideia de quais serão. Felizmente, apenas uma minúscula porção das sementes é necessária para produzir um viçoso gramado. O cultivo de projetos vitais nos jovens implica que os pais devem escutar com interesse todas as novidades que as crianças trazem para casa, explorando todas as possibilidades para desenvolver as ideias que filhos e pais possam imaginar juntos.

Os pais nem sempre são bons ouvintes quando os filhos estão às voltas com ideias novas. Estamos acostumados a dar nossas opiniões – tenham elas sido solicitadas ou não – sobre qualquer assunto, e normalmente baseamos nossos conselhos na própria experiência. Escutar uma criança e participar de uma genuína conversa de duas vias (ou três, se ambos os pais participam) é mais difícil do que passar um sermão; mas, olhando pelo lado bom, não creio que muitos pais realmente gostem de dar sermões.

APROVEITE OPORTUNIDADES
SIMPLES PARA INICIAR UM DIÁLOGO

Com que frequência pedimos aos jovens sua opinião sobre assuntos importantes? Quando assistimos à TV em sua companhia, por exemplo, quantas vezes perguntamos a eles o que acham de uma nova história ou de um fato ou reviravolta na trama? Solicitar sua opinião é uma boa maneira de construir o hábito de ouvir que prepara os pais para perceber os primeiros indícios de possíveis projetos vitais quando seus filhos começarem a descobri-los.

Os pais fazem bem em observar atentamente qualquer lampejo que porventura possa surgir, mas não precisam simplesmente se sentar e esperar por momentos ocasionais em que a criança traga para casa uma nova ideia. Eles podem usar ocasiões familiares para despertar conversas sobre projeto vital com seus filhos. Aniversários, festividades e momentos de transição, como o início de um novo ano letivo ou a mudança de emprego de um dos pais, tudo isso pode propiciar discussões sobre o significado mais profundo dos acontecimentos rotineiros.

Repito: para que essas conversas sejam eficazes é necessário que se traduzam em diálogos de duas ou três vias (ou muitas), em vez de monólogos conduzidos por adultos. Durante essas conversas, os pais devem aprender a ser bons ouvintes e, principalmente, *bons entrevistadores*, incentivando os filhos a elaborar seu ponto de vista, empregando frequentemente *Por quê?*, e encorajando-os a pensar mais profundamente sobre as coisas que considerem valer a pena ou sejam dignas de interesse. Quando evocamos nas crianças suas ideias sobre o que acham significativo, tornamo-nos mais capazes de perceber seus primeiros indícios de projeto vital; e, dessa forma, fomentamos investigações posteriores. Podemos fazer isso no próprio terreno deles, no contexto dos interesses que desenvolveram na escola ou em outro lugar, ou no nosso terreno adulto, no contexto de jantares, passeios e festejos familiares.

Uma festividade tradicional americana com grande potencial para esse tipo de diálogo é o Dia de Ação de Graças*. Infelizmente, esse potencial é frequentemente desperdiçado já que fazemos pouco mais do que comer além da conta e assistir esportes na TV no estupor que sobrevém à comemoração. O Dia de Ação de Graças é uma oportunidade para que os membros da família e os amigos se reúnam e conversem sobre gratidão. Entre suas muitas outras funções psicológicas valiosas, a gratidão é uma janela para o projeto vital, porque ela nos ajuda a identificar as coisas importantes da vida[4] – e a transmitir essa percepção aos que estão à nossa volta. Da gratidão brota não só o reconhecimento de nossas bênçãos pessoais, mas também o desejo de

---

* O Dia de Ação de Graças é um feriado nacional celebrado nos Estados Unidos. O primeiro deles aconteceu em 1620, em Plymouth, Massachussets. Após enfrentar um inverno rigoroso e muita carestia, a colheita de milho foi farta. Trata-se de um feriado em que as famílias se reúnem para agradecer a Deus pelo que têm. No Brasil, uma comemoração equivalente seria a do Natal. [N. R. T.]

estender tais bênçãos aos outros – o coração e a alma do projeto vital. Porque o Dia de Ação de Graças é uma festividade secular e nacional, todos, com exceção dos que trabalham em serviços emergenciais (por si sós um projeto vital nobre) podem passar algum tempo com a família ou com amigos refletindo sobre a essência da gratidão, seu significado e propósito. É difícil imaginar uma ocasião mais ideal e educativa para o desenvolvimento do caráter de um jovem.

Ainda assim, por incrível que pareça, é surpreendentemente difícil transformar o evento em família do Dia de Ação de Graças nesse tipo de ocasião para reflexão. Já escrevi sobre essa questão,[5] da qual me queixo constantemente em meus seminários, portanto, não me estenderei sobre tal problema aqui. Mas deixarei registrado que tenho visto muitas estratégias cuidadosamente planejadas e bem-intencionadas de fazer as crianças verbalizarem sua gratidão ser frustradas por sua fome impaciente e o desejo dos pais de acalmá-las saciando seu apetite rapidamente (e – creiam-me – eram crianças muito bem nutridas, correndo muito pouco risco de subnutrição se adiassem o jantar tempo suficiente para expressar sua gratidão).

Ainda assim, há maneiras de salvar a situação e nadar contra a nossa corrente cultural do excesso de tolerância. Um pouco de criatividade por parte dos pais é bem-vinda. Participei de um jantar de Ação de Graças há poucos anos no qual a mãe, frustrada pelo fracasso de suas tentativas anteriores de gerar conversas sobre gratidão, pediu aos filhos e aos convidados que levassem poemas *haikai* de sua autoria sobre o tema. Foi divertido, foi diferente, e eram apenas dezessete sílabas a serem escritas. O lampejo de inspiração daquela mãe funcionou maravilhosamente. Por mais que os pais temam que seus filhos não reajam a incentivos como esse (e é verdade que as crianças muitas vezes não o fazem), com persistência, aproveitando as oportunidades ao longo do tempo para entabular conversas, cada vez mais *insights* importantes serão colhidos e lições valiosas serão transmitidas.

SEJA RECEPTIVO E APOIE AS CENTELHAS DE INTERESSE

Aceitar os interesses de seu filho pode ser difícil quando ele busca um projeto vital que pareça estranho – como quando a filha de dois renomados cientistas decidiu tornar-se estilista. Contudo, desde que obstruam projetos vitais destrutivos ou antissociais, os pais fazem bem em apoiar as escolhas dos filhos – e, principalmente, expressar confiança no que eles estão tentando fazer. Isso não só eleva as chances de a criança ser bem-sucedida em sua empreitada, como transmite uma atitude otimista e de "tudo-posso" em longo prazo.

Uma família que conheço há anos passou um mês em uma fazenda. A filha, de 11 anos – a quem chamarei de Heather –, cuidou de alguns animais da fazenda. Um dia, Heather fez uma conexão perturbadora: toda vez que comia hambúrgueres ou costeleta de carneiro, a carne vinha de animais como aqueles dos quais ela havia cuidado. Ela desenvolveu então um apaixonado interesse pelo vegetarianismo, a princípio, teórico, mas, logo depois, prático. Lia tudo que podia sobre como e por que excluir carnes e frutos do mar da dieta, e, então, insistiu em só ingerir refeições vegetarianas, tanto em casa como na escola.

No início, os pais de Heather, eles próprios carnívoros, não se surpreenderam com a ideia de preparar comida especial para ela. Mas ficaram impressionados com sua determinação e admirados com quanto ela aprendeu sobre nutrição de forma autodidata. Eles a encorajaram a estudar sobre as práticas vegetarianas na biblioteca e questionaram-na a fundo sobre suas descobertas. Durante vários anos eles apoiaram sua escolha nutricional, insistindo apenas que ela planejasse refeições que contivessem todas as proteínas e outros nutrientes que ela necessitava como adolescente em crescimento. Heather levou seus interesses para a área escolar, estudando processos nutricionais em biologia, criando projetos de ciências sobre o tema e escrevendo redações sobre as práticas culturais alimentares. Esse interesse absorvente pavimentou o caminho para que ela se graduasse em biologia na faculdade, mais tarde fizesse pós-graduação em saúde pública e desse início a uma promissora carreira em medicina ambiental. Em algum lugar do percurso, Heather abandonou o vegetarianismo (ela agora só não come carne vermelha), mas as chamas de sua paixão por hábitos alimentares saudáveis, práticas alimentares ambientalmente sustentáveis e tratamento digno para os animais continuam a fomentar seus esforços diários, proporcionando sentido e motivação para sua vida e para o trabalho que escolheu.

Os pais de Heather nunca previram aonde seu interesse inicial pelo vegetarianismo a levaria. Eles reconheceram que algo que merecia atenção estava acontecendo – uma curiosidade sobre como vivemos no mundo, uma nova centelha de interesse em ciências e filosofia, uma preocupação crescente acerca de algo além de si mesma que a perturbava. Eles ficaram intrigados com a recém-descoberta dedicação e com o crescente conhecimento, e sabiamente escolheram encorajar as duas coisas, mesmo que o campo que ela estava explorando fosse muito distante de tudo que era importante para eles ou, pelo menos, minimamente familiar. Como se revelou depois, o vegetarianismo em si não estava destinado a ser o projeto vital final de Heather: foi uma das primeiras sementes a germinar de um gramado e teve vida limitada. Mas preparou o terreno para a germinação de um gramado belo que compartilha muitas de suas qualidades. Atualmente, Heather é uma jovem dedicada, com claro senso de direção, moldada por seu projeto vital como cientista nutricional e médica ambiental.

Quando oportunidades especiais de encorajar o projeto vital surgem espontaneamente no comportamento da criança, os pais devem agarrá-las imediatamente, abrir-se a elas e apoiá-las como puderem – sem, entretanto, ser prepotentes. O interesse da criança deve seguir seu curso livremente, podendo, inclusive, desaparecer se a isso estiver fadado. Os pais não têm como saber quais sementes do gramado acabarão se enraizando profundamente.

FALE SOBRE O SEU PROJETO VITAL E OS
SIGNIFICADOS QUE VOCÊ ENCONTRA EM SEU TRABALHO

Os pais devem compartilhar seus objetivos e sua noção de projeto vital com os filhos – algo que, infelizmente, raramente fazem. Após um dia de trabalho duro pode parecer mais natural reclamar do emprego do que conversar sobre os seus aspectos significativos. Mas é saudável para os pais e instrutivo para os filhos que se discuta frequentemente no contexto familiar o projeto vital mais elevado que os pais encontram na função que exercem. Essa deveria ser a pedra de toque de toda conversa que os pais tiverem com os filhos a respeito de emprego e de carreira.

É provável que os pais tenham encontrado um projeto vital em pelo menos algum aspecto de seu trabalho (ou, no caso dos pais que não trabalham fora, no contexto de suas tarefas domésticas). A grande maioria de trabalhadores americanos realmente acredita que seu trabalho é significativo de alguma forma – talvez porque ajude outras pessoas, contribua para a sociedade, possibilite meios de autoexpressão e crescimento pessoal, ou proporcione o sustento da família.[6] O trabalho é fonte de orgulho e projeto vital para a maioria das pessoas. Mas com que frequência os pais falam disso com os filhos? Embora eu desconheça qualquer estudo empírico dessa questão, minha experiência mostra que a resposta seja: praticamente nunca. Em vez disso, o que as crianças costumam ouvir são queixas sobre qualquer coisa errada que esteja acontecendo no emprego, ou alegria e alívio quando um feriado chega.

Atualmente, a natureza complicada do trabalho ofusca ainda mais seu sentido para as crianças, que veem as atividades dos pais do lado de fora. Como o colunista Jared Sandberg observou no *Wall Street Jour-*

nal, os trabalhadores de hoje passam mais tempo ao telefone ou no computador do que produzindo bens que uma criança possa apreciar.[7] A criança fica com a impressão de que a única coisa valiosa no emprego dos pais é o pagamento que eles trazem para casa. Sandberg cita a renomada estudiosa da família Stephanie Coontz: "Um dos problemas dos pais ricos ou de classe média tem sido explicar aos filhos o valor do que fazem, em vez de passar a noção de que ganham bem porque merecem". Quando a criança vê apenas as recompensas materiais do trabalho, ela não consegue entender como este atende necessidades sociais essenciais e satisfaz o projeto vital pessoal. O ofuscamento do sentido mais profundo do trabalho é um terreno fértil para a apatia e o cinismo, pois sem uma noção positiva de sua importância social e pessoal a criança verá o trabalho como simplesmente um fardo desagradável porém inevitável. A psicologia, como a natureza, não tolera vazios.

Talvez os pais considerem tolice discorrer acerca do nobre projeto vital de seu trabalho para os filhos. Talvez eles achem que é muito difícil explicar o que fazem o dia todo, e por que o fazem, a crianças com pouco conhecimento sobre empresas complexas.

Mas, pelo bem dos filhos (e, como o movimento da psicologia positiva tem nos ensinado, também pelo nosso próprio), os pais *devem* se dar ao trabalho de falar sobre o que fazem. É motivador e inspirador para as crianças escutar por que os pais consideram seu esforço diário significativo. E também é instrutivo: surpreendentemente, não é óbvio para as crianças que seus pais de fato tenham orgulho de contribuir para o mundo. As crianças podem até não se dar conta de que seu crescimento saudável é uma fonte de satisfação para os pais – e essa é a preocupação fundamental de quem trabalha em casa. Tais sentimentos de orgulho no trabalho devem ser expressos e discutidos em detalhes vívidos para que as crianças possam entendê-los em toda sua profundidade. Isso requer dos pais a total e franca revelação de seus verdadeiros sentimentos acerca de seus próprios projetos vitais.

Os pais que se abrem com os filhos sobre esse assunto servem de modelos de vida.

TRANSMITA A SABEDORIA SOBRE O LADO PRÁTICO DA VIDA

Em nosso estudo, todos os jovens que têm projetos vitais emanam senso de idealismo prático, o que quer dizer que eles sabem aceitar os limites (espera-se que temporários) do possível quando a realidade simplesmente não se curva às suas aspirações.

Tal sabedoria precoce não é inata. Parte dela pode ser aprendida por tentativa e erro, no decorrer das tentativas iniciais, muitas vezes falhas, de perseguir um projeto vital. Mas os pais e outros mentores também são necessários para fornecer informações cruciais sobre como o mundo funciona. Nenhum jovem pode dominar nosso vasto conhecimento cultural ou toda a complexidade social sem a orientação de adultos experientes e informados a seu redor. O que as crianças aprendem na escola mal toca a superfície do conhecimento do mundo real de que eles necessitarão para transformar seus sonhos em ação.

Os pais devem dizer aos filhos o que sabem sobre atingir objetivos no mundo real, especialmente no mundo do trabalho. É essencial transmitir informações e *know-how* prático. Graças ao respeito e ao amor inigualável que os filhos sentem pelos pais, estes estão em posição de ser a fonte de informação mais valiosa para a criança. Esses esforços podem fazer toda diferença se a criança for capaz de se dar conta de suas ambições. É digno de nota como tantas pessoas de sucesso contam ter aprendido os segredos da carreira em jantares de família. Relatos biográficos de dinastias políticas poderosas como o clã dos Kennedy estão repletos de histórias de longos debates durante o jantar entre pais com ampla experiência de vida e jovens inexperientes porém ávidos por aprender.[8] Recentemente, o escritor Ben Stein comentou sua dívida de vida para com seus pais: "Cá estou eu escrevendo esta coluna sobre economia e finanças. Mas como é que eu passei a entender um bocadinho disso? Porque meu pai era um douto economista que conversava sobre tais assuntos com minha mãe na mesa de jantar..."[9]

Stein também observa a importância da informação social. Os pais podem ajudar os jovens a navegar pelo sistema ensinando-lhes o comportamento adequado e apresentando-os a amigos que possam capacitá-los a começar. Tudo isso constitui a parte central do papel dos pais na formação dos filhos para implementar suas aspirações. Nem todos os pais, é claro, têm o conhecimento ou a experiência para fazer isso pelos filhos – de fato, em um trecho pungente de seu artigo, Stein pergunta: "Mas e quando não se tem um pai e uma mãe bem relacionados? Se nem ao menos se tem um pai? E quando se é um imigrante sem contatos?"

Essa é uma questão de grave significado moral para o futuro da sociedade. No final, nosso desafio como pais é assegurar que nossos filhos adquiram o conhecimento social que necessitarão para atingir seus mais elevados projetos vitais; e nosso desafio como cidadãos é cuidar para que todas as crianças, qualquer que seja o estado de seus pais, tenham acesso a todo tipo de habilidade social e prática que necessitarão para transformar seus sonhos em realidade. Voltarei a esse tema no último capítulo.

APRESENTE SEUS FILHOS A POTENCIAIS MENTORES

Os pais podem apresentar seus filhos a outros adultos, que podem despertar neles centelhas de interesse. Nossos estudos mostraram que jovens altamente engajados em seus projetos vitais geralmente procuram pessoas fora do âmbito da casa em busca de ideias e de inspiração que os ajudem a encontrar seus projetos vitais. Os pais devem apresentá-los a pessoas que possam inspirá-los, e também apoiar a sua missão em quaisquer caminhos que escolherem.

O valor de mentores (aqui nos referimos àqueles que não são os pais) já foi bem estudado no desenvolvimento juvenil nos últimos cinquenta anos.[10] De fato, a noção de mentores é agora tão amplamente conhecida e aceita que pode parecer surpreendente que tenha sido generalizada há tão pouco tempo, no começo dos anos de 1970. Hoje em dia, programas bem-sucedidos de mentorização alcançam milhares de crianças a cada ano. Esses programas, compreensivelmente, tendem a se concentrar em crianças carentes que não têm as vantagens de uma criação familiar forte. E é como deveria ser: essas crianças merecem toda orientação; trata-se de um poderoso caminho para fornecer o apoio e a orientação necessários a qualquer criança. Mas quando digo "qualquer criança", falo literalmente: a orientação também fornece benefícios a crianças afortunadas o bastante para ter um ambiente familiar intacto. Creio que não é por acaso que em nosso estudo quase todos os jovens que têm projetos vitais tiveram mentores fora de casa, e que estes tenham contribuído bastante na busca desses jovens. Os mentores os ajudaram a descobrir, definir e perseguir suas buscas de várias maneiras. No processo, os jovens adquiriram capacidades de descobrir, definir e buscar seus projetos vitais por conta própria de forma bem-sucedida. Sempre que possível, seria bom que os pais apresentassem seus filhos a pessoas que possam servir de mentores para eles.

ENCORAJE UMA ATITUDE EMPREENDEDORA

Uma das características definidoras dos jovens altamente engajados em seus projetos vitais é sua maneira empreendedora de buscar objetivos. Entre os jovens que têm projetos vitais retratados no capítulo 4, o empreendedorismo era um fator comum mais forte do que o bom rendimento escolar. Embora esses jovens geralmente se saíssem bem na escola, poucos deles eram os primeiros da classe ou sempre tiravam as melhores notas, mas todos eram soberbos empreendedores. Se tivesse de escolher um indicador de sucesso posterior na vida, minha aposta recairia na forte capacidade de empreendedorismo.

Cultivar o espírito empreendedor significa encorajar as seguintes atitudes ou disposições: (1) capacidade de estabelecer objetivos claros e elaborar planos realistas para atingi-los; (2) atitude otimista, de "ação"; (3) persistência diante de obstáculos e dificuldades; (4) tolerância ao risco – ou, mais ainda, apetite por ele; (5) resiliência diante de fracassos; (6) determinação em alcançar resultados mensuráveis; e (7) engenhosidade e criatividade para visualizar os meios para alcançar tais resultados.

Empreendedorismo não é um traço solitário, mas um conjunto de características que podem ser acionadas para enfrentar tarefas desafiadoras. Quando aplicadas juntas, essas atitudes e disposições empreendedoras podem criar novas formas de abordar problemas que vêm driblando soluções há muito tempo. É por isso que os jovens que se dedicam a projetos vitais grandiosos apoiam-se tão fortemente em métodos empresariais.

Os pais podem ajudar os filhos a desenvolver capacidades empreendedoras encorajando-os a aceitar desafios e riscos saudáveis. Quando verbalizada pelos pais com frequência suficiente, na verdade como uma espécie de mantra, uma simples frase de quatro palavras é o que basta para transmitir a mensagem fundamental acerca de enfrentar grandes tarefas: "*Você pode fazer isso!*" De um jeito ou de outro, esse tipo de incentivo dos pais é um ótimo exercício na construção de um caráter sólido. Buscar desafios, superar a timidez, são hábitos que podem ser adquiridos muito cedo na vida. Quando as crianças aprendem a progredir com desafios, em vez de evitá-los, passam a entender o que podem conquistar.

A palavra "empreendedorismo" costuma ser mais empregada para se referir a negócios, mas quando eu falo de um "espírito empreendedor" quero dizer uma orientação geral na vida que promova toda espécie de conquistas, da caridade aos negócios. Na verdade, "empreendedorismo social" é o termo que se usa para falar da aplicação de métodos empresariais na solução de problemas sociais, e muitos dos jovens que têm projetos vitais descritos no capítulo 4 expressam seu empreendedorismo justamente nessas causas.

É claro que as crianças também aprendem muito do que as ajudará na vida engajando-se em atividades empreendedoras relacionadas com negócios. Eu nem preciso destacar os benefícios das empresas de pequena escala que as crianças tomam a iniciativa de montar: as famosas barraquinhas de limonada já fazem parte do folclore americano. Os anais dos negócios bem-sucedidos estão cheios de histórias de homens e mulheres que começaram na infância ou na adolescência a administrar serviços de aparar a grama, entregar jornais ou vender biscoitos de porta em porta. Empreendimentos precoces desse tipo, realizados com motivação e engenhosidade, podem constituir experiências formativas que plantam as sementes de inclinação empresarial e *know-how*. Os pais devem encorajar essas atividades e, tão importante quanto isso, devem incentivar seus filhos a persegui-las com o tipo de espírito empreendedor e de atitude positiva que descrevi anteriormente.

Recentemente, surgiu um salutar movimento de "educação empresarial", visando, em muitos exemplos, às populações de jovens em situação de risco. Crianças bem jovens, na faixa dos 11 anos, muitas provindas de lares carentes, aprendem a encontrar oportunidades, a negociar, a montar uma campanha de vendas, a calcular o orçamento e a planejar o crescimento. Segundo um documentário da PBS[*] de agosto de 2007, chamado *These kids mean business*, esses programas também "reacenderam o interesse deles na escola – principalmente em matemática, leitura e redação". Por essa e outras razões, o diretor do documentário, Zach Richter, acredita que a educação empresarial é especialmente adequada a estudantes carentes: "Eles se fortalecem mentalmente. Desenvolvem iniciativa [...] Não têm medo de rejeição.

---

[*] Rede de televisão pública dos Estados Unidos. [N. R. T.]

Tornam-se confortáveis com o risco, a ambiguidade e o estresse". Mas, como ele próprio revela ter sido o seu caso, uma experiência precoce em negócios beneficia crianças de todo tipo de criação:

> Quando criança, montei uma barraquinha de cachorro-quente com algumas tábuas, um carrinho de bebê, um grande recipiente térmico e um fogareiro. Em vez de me juntar ao time infantil do bairro, vendia cachorros-quentes, refrigerante e pipoca para eles. Meu pai aproveitou a oportunidade para me ensinar como manter o negócio: receitas e despesas, lucros e perdas. Eu era um empreendedor, embora, na época, não tivesse noção disso.

Infelizmente, a despeito de tantas e tão antigas evidências dos múltiplos benefícios de uma experiência precoce em negócios, e a despeito do recente sucesso do movimento da educação empresarial, o trabalho remunerado executado por jovens tornou-se uma questão controversa no campo do desenvolvimento juvenil. Muitos peritos alinharam-se contra isso por considerarem que toma tempo de estudo dos jovens. É bem verdade que alguns casos mal orientados vieram à luz: jovens que faltam às aulas com frequência, descuidam dos deveres de casa e privam-se das horas de sono adequadas a fim de ganhar o máximo possível de dinheiro. Tais casos são abusos que os pais certamente devem evitar. Mas uma parcela de tempo modesta dedicada ao trabalho pode ser instrutiva e elevar a moralidade. O trabalho pode ensinar aos jovens habilidades e atitudes produtivas, além de afirmar neles seu valor perante outros.

Até mesmo o menosprezado ramo da fast-food pode ser edificante quando a pessoa recebe o tipo certo de orientação. Lembremos o gerente do restaurante fast-food do qual falamos no capítulo 2, que aconselhava seus empregados adolescentes. Não importa quão rabugento fosse o cliente, o gerente lhes dizia: "Seu serviço é colocar um sorriso no rosto dele".

ALIMENTE UMA POSTURA OTIMISTA

Para incentivar nas crianças um espírito empreendedor é fundamental dar-lhes noções de otimismo. No capítulo 4, vimos como os jovens com projetos vitais nobres elevados enfrentam a vida com otimismo e autoconfiança. Essa postura lhes serve bem. Seu otimismo e autoconfiança os capacita a enfrentar desafios que outros poderiam considerar desalentadores ou até impossíveis, e os protege contra o desencorajamento quando as coisas não saem como o planejado. Como observei, muitos desses jovens já tinham inclinações otimistas muito antes de encontrarem seus projetos vitais: é provável que fatores genéticos predisponham as pessoas a uma visão otimista da vida.[11] Mas, em longo prazo, os fatores genéticos podem ser reforçados ou sobrepujados pela experiência; nos primeiros anos da existência, os pais são os formadores mais importantes das experiências da criança.

Os psicólogos têm feito boas recomendações sobre como alimentar o otimismo e a autoconfiança nas crianças, e há diversos livros excelentes, dirigidos aos pais, que ensinam a cultivar a fortaleza emocional das crianças.[12] Geralmente, os pais são aconselhados a ajudar as crianças a interpretar as experiências de maneira esperançosa, evitando a todo custo o tipo de pessimismo do "pensamento catastrófico" que tende a imaginar o pior que pode acontecer assim que algo começa a dar errado. Em vez disso, os pais devem sempre mostrar à criança como é provável que as coisas deem certo e, especialmente, *quanto controle* temos sobre o resultado delas. Quando problemas surgirem, os pais devem explicá-los cuidadosamente de modo a evitar o derrotismo, o pânico ou a culpa, ajudando a criança a compreender que os problemas são parte inevitável da vida e não algo com o qual se deva ficar deprimido. Na verdade, é preciso frisar que a solução de um problema pode ser uma grande alegria. Uma mensagem importante é a de que a existência de um problema de maneira alguma significa que a criança fez algo errado, ou é uma pessoa má, ou não tem sorte, ou é fadada ao fracasso.

Para comunicar atitudes positivas aos filhos, os pais devem expressá-las regularmente. Tenho uma amiga que subitamente percebeu que a exclamação "Que sina a minha!" era a resposta padrão para acontecimentos ruins. Por que, ela se perguntou, os membros de sua família – bastante afortunada – costumavam insinuar que eram azarados? E que tipo de mensagem isso estava passando para as crianças acerca da probabilidade de coisas ruins acontecerem a elas? Assim, muito engenhosamente, minha amiga criou o hábito de corrigir as pessoas que usassem a expressão de maneira pessimista em casa; e mais, apressava-se em dizer "Que sina a nossa!" sempre que algo benéfico acontecia com a família. Esse é um pequeno passo com potencial de grandes consequências.

As crianças registram tudo que dizemos e fazemos. O caráter de uma criança é formado por uma sucessão de comunicações e interações que acontecem a cada instante com as pessoas mais próximas dela, e até mesmo algo tão simples como expressar regularmente uma postura otimista diante da vida pode fazer diferença.

INSPIRE A RESPONSABILIDADE NAS CRIANÇAS

Os pais devem ensinar aos filhos o princípio básico: *tudo que você faz neste mundo conta*, e não apenas no sentido de que conta porque os pais se importam com eles – o que é importante transmitir –, mas no sentido mais amplo de que suas ações têm consequências significativas, para o bem ou para o mal. Desde que nascem, todas as crianças fazem diferença na vida das pessoas que as cercam. Sempre que a oportunidade se apresentar, os pais devem deixar isso claro aos filhos. E essas oportunidades surgem naturalmente o tempo todo. Por exemplo, se uma criança ajuda no plantio de um jardim, quando as flores começarem a nascer, reconheça o papel que ela teve naquele processo. Ou, se você levar seu filho para presentear uma pessoa mais velha da vizinhança, não deixe de destacar como é importante para o idoso ver que a criança se importa com ele.

O princípio-chave é tirar partido dos momentos que surgem espontaneamente durante as conversas e atividades domésticas comuns, como as tarefas do dia a dia, servir o jantar, trocar presentes. Todo momento conta. O uso correto de um momento aqui, outro ali, é suficiente para transmitir sua mensagem. E é também a única abordagem que funciona: sermões produzem pouco mais do que surdez voluntária (ou revirar de olhos). Todos os momentos ocasionais que os pais utilizam bem vão se acumulando ao longo dos anos.

Uma das muitas maneiras com as quais podemos inspirar responsabilidade nas crianças, o sentimento de que são capazes e que estão fazendo sua contribuição, é tornar claro que você as considera interessantes e capazes. Embora a maioria dos pais ame os filhos acima de tudo, nem sempre comunicam sua confiança neles durante as interações rotineiras. Em muitos casos, os pais desencorajam as crianças a aceitar desafios que lhes permitiriam testar seu potencial, e os superprotegem dos riscos que apresentam pouca chance de perigo. Infelizmente, os pais raramente param para solicitar a opinião dos filhos sobre assuntos importantes. Também não discutem com eles seus próprios pensamentos, aspirações ou preocupações, muitas vezes porque desejam tornar a vida dos filhos a mais despreocupada possível. Tais omissões involuntárias, ironicamente, são subprodutos da tendência de excessiva centração na criança, nos processos educativos dos filhos, desenvolvida no século XX e que ainda hoje prevalece. Levada ao extremo, esse modelo de criação infantiliza os filhos ao presumir que eles podem fazer pouco por conta própria e que requerem proteção constante para sobreviver incólumes à infância.

Isso ficou patente nos últimos anos, por exemplo, no fato de que já não é comum delegar responsabilidades reais às crianças, como esperar que elas contribuam regularmente nas tarefas domésticas. Tarefas obrigatórias domésticas saíram de moda. Em vez disso, os jovens têm liberdade de passar todo o tempo às voltas com estudos, eventos esportivos e lições de piano, com agendas cada vez mais tomadas por compromissos pessoais e sociais. A riqueza econômica que nos permite liberar os jovens do trabalho doméstico certamente é benéfica em alguns sentidos; e as atividades que preenchem o tempo deles podem, de fato, contribuir para sua aprendizagem e desenvolvimento. Mas alguma coisa está faltando.

Os jovens já não sentem que fornecem contribuições necessárias ao lar, que outros membros da família dependem deles, e que, se eles falharem em cumprir suas responsabilidades, desapontarão alguém ou deixarão alguma tarefa necessária incompleta. Além das virtudes formadoras do caráter que tais responsabilidades engendram, há também o sentimento-chave de se "sentirem necessários" que não está sendo alimentado pela ausência dessas obrigações familiares.

As ricas sociedades de hoje provavelmente jamais retrocederão ao tempo em que os esforços infantis eram necessários para sustentar a economia doméstica. Contudo, mesmo a mais rica das famílias pode, se assim escolher, dar às crianças tarefas significativas, que lhes ensinem responsabilidade e os imbua da noção de que o que fazem importa para o mundo. Até mesmo uma criança pequena pode realizar algo útil, como cuidar de um animal de estimação ou molhar as plantas. E é importante que ela veja o resultado de sua responsabilidade, ou da falta dela. Se sua tarefa é regar as plantas, ela deve ter a chance de descobrir que as plantas morrem se esquecer de molhá-las. (Sociedade Protetora dos Animais, por favor, preste atenção: eu não recomendo a mesma abordagem com relação aos animais de estimação!) Umas poucas plantas ressecadas constituem um preço razoável a pagar pelo desenvolvimento do caráter de uma criança.

À medida que as crianças forem crescendo, outra maneira eficaz de inspirar a noção de responsabilidade é deixá-las se envolver com o trabalho voluntário. Um adolescente pode fazer enorme diferença na vida de uma criança carente, seja por meio da participação em programas de orientação, seja fazendo companhia a um idoso solitário. Os pais devem encorajar esse tipo de trabalho voluntário, mesmo que este substitua outras atividades mais autocentradas. O voluntariado não só forma o caráter, mas também é uma boa fonte de centelhas de interesse que podem se transformar em projetos vitais. Além disso, pode ensinar às crianças sobre parte prática com a qual precisarão lidar ao abrir caminho no mundo e apresentá-los a potenciais mentores adultos.

Por último, vamos resumir, baseados em nossos estudos, um conjunto de fatores que identificamos como cruciais para o surgimento do projeto vital. Estes são preceitos que os pais devem ter sempre em mente, tirando proveito das oportunidades que surgirem – dos mínimos instantes rotineiros a ocasiões mais formais:

- perceba com atenção a centelha e, depois, atice as chamas;
- tire partido de oportunidades simples para iniciar um diálogo;
- seja receptivo e apoie as centelhas de interesse;
- fale sobre o seu próprio propósito e os significados que encontra em seu trabalho;
- transmita a sabedoria sobre o lado prático da vida;
- apresente seus filhos a potenciais mentores;
- encoraje uma atitude empreendedora;
- alimente uma postura otimista;
- inspire a responsabilidade nas crianças.

NOTAS

1   LEACH, Penelope. *Children first: what society must do – and is not doing – for children today*. Nova York: Vintage Books, 1995.

2   A coligação "Say Yes to No" foi fundada em Minnesota pelo psicólogo David Walsh. Para mais informações, veja ZASLOW, J. "The entitlement epidemic", *Wall Street Journal*, 19 jul. 2007, p. D1.

3   BENSON, Peter. *Sparks: how parents can ignite the hidden strengths of teenagers*. San Francisco: Jossey-Bass, 2008.

4   EMMONS, Robert. *Thanks: the psychology of gratitude*. Nova York: HarperCollins, 2007.

5   DAMON, William. *Greater expectations: overcoming the culture of indulgence in our homes and schools*. Nova York: Free Press, 1996.

6   COLBY, Anne; SIPPOLA, Lorrie; PHELPS, Erin. "Social responsibility and paid work". In: ROSSI, Alice (org.). *Caring and doing for others: social responsibility in the domains of family, work, and community*. Chicago: University of Chicago Press, 2001.

7   SANDBERG, Jared. "To our kids, our jobs are talking, typing. Are they onto us?", *Wall Street Journal*, 17 jun. 2007, p. B1.

8   WHALEN, R. *The founding father: the story of Joseph P. Kennedy and his political dynasty*. Washington: Regnery Gateway, 1964).

9   STEIN, Ben. "Getting a boost up the ladder of success", *New York Times*, 15 jul. 2007, p. 6.

10   PIANTA, R. *Beyond the parent*. San Francisco: Jossey-Bass, 1992.

11   ROTHBARTH, Mary; BATES, J. "Temperament". In: DAMON, William. *Handbook of child psychology*. 5. ed. Nova York: Wiley, 1998, p. 105-77.

12   Veja, por exemplo: SELIGMAN, Martin et al. *The optimistic child*. Boston: Houghton Mifflin, 1995; e SAARNI, Carolyn. *The Development of emotional competence*. Nova York: Guilford, 1999.

7 Uma cultura de projetos vitais para todos os jovens

O CULTIVO DO PROJETO VITAL juvenil carrega um paradoxo. Os jovens devem descobrir seus projetos vitais pessoais, com base em seus interesses e crenças. Ainda assim, suas descobertas são guiadas por outras pessoas, e os projetos vitais que eles descobrem são inevitavelmente formatados pelos valores que encontram na cultura em torno deles. O paradoxo é que o projeto vital é tanto um fenômeno profundamente pessoal quanto inevitavelmente social. É construído internamente, ainda que se manifeste na relação com outros. É fruto de reflexão interna, ainda que também o seja de exploração externa. Quando um projeto vital está totalmente formado, reflete tanto aspirações genuínas do *eu* quanto necessidades práticas do mundo além do *eu*.

Por essa razão, adultos que desejam ajudar jovens a descobrir seus projetos vitais estão em uma posição um tanto incômoda. Nós não podemos apresentar tais projetos prontos a um jovem e esperar que se ajustem perfeitamente a ele. Podemos e devemos, entretanto, apresentar ideias inspiradoras, e fontes – pessoas, livros, organizações religiosas ou seculares – que possam fornecer aos jovens a inspiração que os manterá no curso. Também podemos criar condições que aumentem seus esforços de criar projetos vitais.

Como vimos no último capítulo, o papel que os pais desempenham nesse processo é vital, mas eles não devem assumi-lo sozinhos.

Mesmo para crianças com excelente criação, o restante da sociedade desempenha um papel decisivo. Para o bem ou para o mal, a comunicação de massa transmite incessantemente os valores dominantes da sociedade. Um ambiente cultural degenerado mina a influência dos pais, ao passo que um clima cultural sadio e vibrante dá força a suas orientações. Uma sociedade enriquecida por crenças e práticas elevadas encoraja os jovens a perseguir aspirações que valham a pena e a expandir sua noção do que pode ser alcançado para si e para o mundo. Quando o cinismo prevalece, os jovens ficam desanimados e veem suas aspirações tolhidas e suas perspectivas de vida ameaçadas. Observando uma sociedade tão degradada, décadas atrás, Thomas Mann escreveu:

> Uma pessoa não vive apenas sua vida como indivíduo, mas também a vida de sua época [...] Toda espécie de metas, fins, esperanças e perspectivas passam diante dos olhos do indivíduo, e deles ele tira o impulso para a ambição e a conquista. Agora, se a vida em torno dele, sua própria época, parece, em seu âmago, vazia de alimento para aspirações, se ele particularmente a reconhece como impossível, decrépita, sem sentido [...], então, nesse caso, algum transtorno de personalidade fatalmente vai acontecer.[1]

Voltemos à pergunta de Ben Stein que citei no último capítulo: e quanto às crianças cujos pais não têm condições de ajudar os filhos? A maioria dos pais se preocupa com a prole, o que é natural e compreensível, mas isso impede que a sociedade em geral proporcione condições adequadas para todos os jovens em sua busca de projetos vitais. E quanto às crianças que não têm a sorte de ter pais atentos? E quanto àquelas que não têm pais? Elas precisam de apoio de outras fontes. Uma sociedade decente proporciona tal apoio, porque todo jovem merece a chance de ter um projeto vital. E não é só isso: negligenciado, o jovem não encontra projetos vitais positivos aos quais se dedicar e embarca em atividades menos construtivas, que, por sua vez, acabam prejudicando a própria sociedade. Uma sociedade que proporciona uma cultura de projetos vitais a seus jovens cria instituições públicas que oferecem orientação, apresentando uma visão positiva da vida e também o conhecimento prático necessário para a busca de tal vida.

Construir uma sociedade assim não requer sonhos utópicos nem diretrizes governamentais severas. Em vez disso, uma cultura de projetos vitais deve ser construída – e continuamente reconstruída – em múltiplos e pequenos caminhos, tanto por indivíduos como por instituições que respondam pelos valores que apresentam por meio de palavras, atos e exemplos. O governo, especialmente nos municípios, certamente pode desempenhar um papel construtivo em parceria com esses indivíduos e instituições; mas não pode fomentar projetos vitais para a juventude por meio de programas impostos ou legislação coerciva. Uma cultura de projetos vitais não pode ser forçada.

Também não há pré-requisitos de ordem material para uma cultura de projetos vitais. Sabemos que os jovens encontraram projetos vitais ao longo do tempo, em épocas boas e ruins, em períodos de abundância ou de crise econômica. Durante a Grande Depressão dos anos de 1930, as famílias mantiveram-se unidas. Os jovens ajudavam no que era necessário, e muitos deles tornaram-se cidadãos eficientes e responsáveis, que contribuíram enormemente para a sociedade.[2] Guerras, epidemias, fome e todo tipo de dificuldade serviram para criar uma noção de projeto vital entre aqueles que as enfrentaram. Podemos afirmar com certeza que os jovens que se adaptaram de forma bem-sucedida a essas condições difíceis encontraram orientação e inspiração em algumas pessoas exemplares à sua volta e na cultura de projeto vital maior que aquelas pessoas representavam.[3]

· WILLIAM DAMON ·

O ESFORÇO COMUNITÁRIO EM
PROL DO PROJETO VITAL JUVENIL

O elemento mais próximo de um pré-requisito para uma cultura de projetos vitais é a noção de comunidade. Quando pais, professores e outros adultos que participam da vida das crianças compartilham essa noção, eles fortalecem mutuamente seus esforços.

Já vi isso acontecer na prática. Cerca de onze anos atrás, participei de vários encontros em diversas cidades dedicados a criar o clima mais propício para a criação de crianças. A ideia por detrás desse trabalho – sobre a qual escrevi em meu livro *The youth charter: how communities can work together to raise standards for all our children* [O estatuto da juventude: como a comunidade pode ajudar a criar padrões para as crianças] – é a de que os jovens se saem melhor em lugares nos quais os adultos lhes apresentam altas expectativas que sejam claras e coerentes.[4] Nos encontros, que incluíam pais, professores, funcionários municipais, religiosos, treinadores desportivos e representantes da mídia local, presenciei intensos debates sobre como gerenciar os recursos da cidade a fim de promover o desenvolvimento dos jovens. Para surpresa de muitos que participaram dessas discussões, chegar a um consenso sobre os padrões que os adultos devem adotar com relação aos jovens nunca foi difícil: os objetivos comuns eram os de que as crianças devem adquirir virtudes de caráter como honestidade, compaixão, respeito e coragem moral, e devem ser competentes na escola, no trabalho e socialmente. Grupos de adultos podem unir-se para transmitir esses valores para a geração seguinte – e, ao fazê-lo, surge a noção de comunidade.

No decurso desse meu trabalho em prol da juventude, vi muitos cidadãos dedicados, empenhados em ajudar jovens em todas as comunidades, mas, na maior parte das vezes, assegurando que a cidade pudesse proporcionar atividades e orientação para todos os seus jovens. Às vezes, isso era uma questão de novos recursos – colocar computadores na biblioteca, criar um programa juvenil na rádio FM local –, em outras, era mais uma questão de incentivar e coordenar os recursos que já existiam, como mudar o horário de treino do time de futebol das manhãs de domingo para que as crianças que queiram ir à igreja não precisem ter de escolher entre uma coisa e outra.

Todos esses esforços requerem liderança e um bocado de iniciativa individual dos pais da cidade (meu papel limitava-se a facilitar a discussão e observar os resultados). Eles tiveram condições de causar grande impacto na capacidade da cidade de servir aos seus jovens; e, no processo, os participantes tornaram-se inspirados exemplos de engajamento cívico para a juventude, que é um papel altamente gratificante de desempenhar. Entretanto, esses esforços são limitados pelo tempo: precisam ser constantemente renovados pelas novas gerações de pais e cidadãos à medida que as gerações mais antigas deixam para trás seus anos dedicados à criação dos filhos. Aliviar um pouco o fardo dos indivíduos é importante, e aqueles que estiverem interessados em liderar tais esforços em sua cidade devem ficar cientes de que diversas organizações têm sido criadas para fornecer orientação e apoio.

A ABORDAGEM POSITIVA PARA O DESENVOLVIMENTO DA COMUNIDADE

Um esforço assim foi conduzido por Peter Benson, presidente do Search Institute de Minneapolis, Minnesota, já mencionado. O Search Institute trabalha com comunidades em todo o mundo para ajudá-las a identificar os "recursos" que promovem o desenvolvimento dos jovens, que tanto podem ser internos à criança (qualidades de caráter e competência) quanto externos, nas fontes que a comunidade é capaz de fornecer (familiar, educativa, recreativa, religiosa e assim por diante).

Benson e seus colegas ajudam as comunidades a construir lideranças e a criar programas específicos.

Há duas características que admiro especialmente na abordagem do Search Institute. Primeiro, ao contrário dos costumeiros programas "famosos" que atuam colados na notoriedade (e do ego) de seus fundadores, o trabalho do Search é tão voltado para a comunidade que se torna praticamente invisível. Descobri isso em primeira mão quando uma sobrinha minha telefonou-me empolgada para falar sobre um trabalho comunitário no qual ela havia se envolvido como parte de um projeto escolar. A turma havia ido para uma comunidade a fim de "mapear" os "recursos" disponíveis para os jovens, inclusive locais confiáveis onde as crianças pudessem passar o tempo livre, onde pudessem praticar esportes e fazer cursos profissionalizantes ou receber instrução religiosa. Ela falou bastante, e com grande noção de projeto vital, sobre ideias que ela havia tido para identificar e incentivar as fontes da comunidade a fim de disponibilizá-las para as crianças de toda a cidade. Ela e seus amigos assumiram a liderança do projeto. Na verdade, ela acreditava tanto que aquelas ideias haviam partido de seu projeto vital que não tinha consciência do Search Institute ou de seu papel em despertar essa iniciativa na cidade. Somente após clicar em um link após o outro na página da escola na web eu finalmente confirmei o que havia suspeitado a partir da linguagem que minha sobrinha usara para descrever as atividades que tanto a haviam inspirado – ou seja, de fato, era um projeto do Search Institute. A invisibilidade do papel do Search havia possibilitado à minha sobrinha participar de uma maneira que engendrara nela um autêntico projeto vital.

A segunda característica que admiro na abordagem do Search Institute na construção de uma comunidade é sua inexorável visão positiva do jovem e de seu potencial valor para a sociedade. Ao contrário dos programas que começam focalizando os problemas com os quais os jovens podem se envolver e, inevitavelmente, acabam enxergando tais jovens como problemas que precisam ser "curados" de alguma forma, a abordagem do Search começa com a identificação dos recursos positivos que todo adolescente carrega em si. Em seus escritos, Benson criticou a visão de "redução do déficit" que por tanto tempo dominou as profissões que lidam com crianças. A visão dos jovens como um grupo de problemas que precisam ser evitados (uso de drogas, gravidez precoce, distúrbios emocionais) ou problemas a serem resolvidos (dificuldades de aprendizado, baixo rendimento, conduta desregrada) é essencialmente derrotista e inútil. A ausência de problemas não é suficiente para uma vida plena de projetos vitais.

Pessoalmente, posso testemunhar tanto o domínio como o efeito depressivo da tal abordagem de "redução de déficit". Quando cheguei a Stanford há dez anos para assumir a diretoria do Centro de Pesquisas da Adolescência, fui saudado por uma série de cartazes trágicos que cobriam as paredes do prédio. Cada cartaz alertava sobre os perigos que os jovens representavam para si próprios e para os outros. Embora eu não consiga recordar as mensagens exatas (já que mandei que retirassem os cartazes na mesma semana), eles continham afirmações do tipo: "Você sabia que milhares de jovens cometerão assassinato este ano?" "Você sabia que um em cada três jovens começará a fumar [ou a beber ou a usar drogas] este ano?" "Você sabia que os jovens causam a maioria dos acidentes fatais automobilísticos em muitas partes do país?" "Você sabia que a maioria dos casos de gravidez na adolescência termina na criação da criança por pais solteiros?" Sem dúvida, todas essas estatísticas estão corretas, e decididamente apontam problemas preocupantes; mas certamente não constituem o ponto de partida mais produtivo para se pensar nos potenciais do desenvolvimento juvenil.

A "abordagem positiva do desenvolvimento juvenil" desenvolvida pioneiramente por Benson, Richard Lerner, da Tufts University, e uns poucos outros cientistas que compartilham de suas ideias, hoje em dia ganhou defensores por todo o país.[5] Teóricos e "práticos" descobriram que isso é muito mais eficaz do que as abordagens com o foco no que há de errado com as crianças. Ao mesmo tempo que a abordagem positiva reconhece as dificuldades enfrentadas pelos jovens em seu desenvolvimento, também se recusa a enxergar o processo de desenvolvimento como um esforço para superar déficits e riscos. Em vez disso, enfatiza o potencial manifesto dos jovens – inclusive aqueles com criação difícil e os com histórico pessoal altamente problemático. A abordagem positiva visa à compreensão, educação e engajamento das crianças em atividades produtivas em vez de corrigir, curar ou ameaçá-las por tendências de inadaptação e as ditas incapacidades.

O trabalho de Benson, Lerner e outros pesquisadores abriu caminho para esforços mais concentrados de ajudar *todos* os jovens a encontrar seu projeto na vida. A fim de que nossa sociedade como um todo possa incentivar esses esforços da maneira mais eficaz, a pesquisa identificou um conjunto de métodos que podem ser seguidos. Socialmente, esses princípios ajudam a estabelecer uma cultura de projetos vitais que atinja todos os jovens na sociedade.

CRIANDO CONDIÇÕES PARA UMA POSTURA CONFIANTE

Como observamos no capítulo anterior, uma das frases mais valiosas que podem ser mencionadas pelos pais é "Você pode fazer isso!" É claro que a sociedade não tem boca, mas ainda assim transmite mensagens. Atualmente, a sociedade escolheu *não* transmitir a todas as crianças a mensagem de que elas "podem fazer isso". Muito pelo contrário: a cada ano, parecemos encontrar novas maneiras de dizer às crianças que a vida é cheia de riscos e de dificuldades com as quais elas não podem lidar sem nossa ajuda e vigilância permanentes.

Como pai de três, certamente compreendo o tremendo medo que a ideia de uma criança machucada pode suscitar. Mas a proteção física da criança entranhou tão profundamente nas suas atividades rotineiras, que é o caso de se pensar se não as estamos treinando, na verdade, para a timidez – não exatamente a melhor maneira de protegê-las enquanto se preparam para a vida adulta. Em 2007, quase todos os brinquedos considerados "perigosos" foram retirados dos parquinhos dos Estados Unidos, o jogo de queimada foi banido de todas as escolas e – talvez para provar que sempre há uma nova fronteira para cada mania tola – uma escola no Colorado proibiu o pega-pega no recreio.[6] Uma coisa é alertar as crianças para que não brinquem no meio da rua, outra coisa inteiramente diferente é proibir atividades que, excetuando incidentes muito raros, resultam apenas em empurrões ou hematomas. (E, mesmo que consideremos os incidentes muito raros, será que queremos mesmo que as crianças cresçam evitando a mínima possibilidade de perigo, de excursões no campo a viagens aéreas?) Que tipo de mensagem essas proibições transmitem às crianças sobre com o que elas são capazes de lidar na vida?

Também estamos enviando mensagens negativas ao atribuirmos patologias às crianças. Um número cada vez maior delas tem sido diagnosticado como portador de "distúrbios de aprendizagem", rótulo depreciativo e equivocado que exerce enorme influência em como a criança é percebida, tratada e medicada. Algumas delas são rotuladas dessa maneira principalmente porque exibem agitação emocional que, em uma cultura menos protetora, é rotineiramente encarada como uma questão disciplinar normal. O rótulo de "incapaz" por si só pode se tornar uma profecia, uma vez que as crianças têm aguda consciência de como são avaliadas e baseiam sua autoimagem em grande parte pelo que os outros enxergam nelas.[7] O uso desse rótulo em um grande segmento da população (especialmente meninos) indica a tendência geral de perceber as crianças como criaturas frágeis e ineptas, que precisam de proteção constante dos desafios comuns da vida quotidiana.[8]

Não há dúvida de que a sociedade deve fazer tudo que estiver ao seu alcance para garantir que as crianças tenham o máximo possível de vantagens, inclusive atendimento médico e psicológico, quando estes forem realmente úteis. Mas sempre haverá limitações naturais, de saúde, econômicas e de criação que escapam ao nosso controle inevitavelmente imperfeito. O fato é que as crianças progridem com desafios e aprendem a lidar com o mundo de maneira competente e confiante ao aceitar riscos saudáveis. Uma das melhores dicas de como criar os filhos que já ouvi veio de Maria Shriver, que comentou em um programa de TV que ela aconselharia as crianças a fazerem uma coisa por dia que as assustassem – e tenho certeza de que ela se referia a coisas bastante seguras, porém, desafiadoras.[9] Não se trata de expor desnecessariamente as crianças a experiências apavorantes, mas sim ensiná-las a lidar com a confiança.

E o mais importante: as crianças não devem desenvolver o hábito de evitar dificuldades por temerem não ser capazes de lidar com elas. Buscar um projeto vital certamente implica alguns momentos difíceis. A boa notícia é que toda criança, a seu modo, é capaz de assumir tal compromisso. Nenhuma criança hiperativa é totalmente ou permanentemente incapaz. Seja qual for sua condição, sempre há coisas úteis e gratificantes que poderá aprender a fazer. Encorajar as crianças a fazer esforço expande seu leque de aprendizagem e aumenta sua motivação para aprender mais. Supor que uma tarefa é difícil demais restringe seu potencial e a desencoraja.

A sociedade não pode solucionar os assim chamados problemas juvenis ficando presa ao fato de como é difícil ser criança no mundo de hoje – ou, se vamos a isso, de como é difícil ser uma criança sem certos privilégios fundamentais. É aí que entram as boas notícias das pesquisas sobre o desenvolvimento positivo da juventude: sabemos que as crianças podem sobreviver – e progredir – nas mais duras circunstâncias. As mais propensas são aquelas que se movem em direção a objetivos positivos sem deixar que mágoas as detenham. Essas são crianças altamente engajadas em seus projetos vitais, que estão descobrindo que uma boa ofensiva é também a melhor defesa contra atitudes incapacitantes no mundo à sua volta. Da nossa parte, como sociedade, não devemos deixar tais descobertas ao acaso, mas examinar de que forma nós ameaçamos as crianças, deixando claro que as atividades para as quais as incitamos demonstram nossa grande confiança em sua capacidade e nossa expectativa de seu sucesso.

ESCOLAS QUE INCENTIVAM PROJETOS VITAIS

Em um esforço equivocado de elevar o desempenho dos estudantes, as escolas concentraram seu foco nas habilidades linguísticas e matemáticas e pressionam os professores a melhorar os resultados nos testes padronizados. A consequência disso é previsível. Algumas crianças se saem bem, como o fariam em qualquer outro contexto de aprendizagem; outras entram em choque com o formato padronizado e perdem completamente o interesse pelo aprendizado acadêmico. A maioria se arrasta com desempenhos medíocres e sem entender por que têm de aprender com o material que os professores lhes apresentam. Quanto aos professores, sentem-se forçados a gastar o tempo deles "preparando os alunos para os testes padronizados". Recentemente, dois destacados educadores – Chester Finn e Diane Ravitch, nada relapsos quando se trata de rigor acadêmico – comentaram acidamente: "Corremos o risco de transformar as escolas dos Estados Unidos em fábricas de habilidade em testes nas quais nada importa a não ser os resultados dos exames sobre temas básicos."[10]

Enfocar a educação na preparação para os testes restringe a escolha dos professores sobre como e o que os estudantes deveriam aprender e desperdiça o tempo em que se poderiam se discutir questões mais amplas sobre o que uma pessoa pode e deve fazer com o conhecimento acadêmico no mundo fora da escola – a importantíssima questão do objetivo de aprender.

Se estamos transformando as escolas públicas em lugares onde, como Finn e Ravitch escreveram, "nada importa" além da aplicação de testes padronizados sem sentido, estamos destituindo as instituições escolares de sua capacidade de inspirar projetos vitais. A dupla de autores destaca que a situação sequer é boa no que almeja, competitividade econômica nacional; além disso, desperdiça por completo a oportunidade de cumprir a urgente tarefa de educar para a cidadania: "Precisamos de escolas que preparem as crianças para que se destaquem na força de trabalho global, mas também como cidadãos ativos na cultura, política ou economia".[11]

Acima de tudo, as escolas devem sempre formular a questão "Por quê?" aos alunos. Por que as pessoas estudam temas acadêmicos? Por que é importante ler e escrever? (Isso não só ajuda os estudantes a compreender melhor o propósito da educação como também os expõe à busca do projeto vital do próprio adulto que respeitam.) Por que temos regras quanto a trapacear? (Essa é uma boa maneira de ensinar padrões morais como honestidade, justiça e integridade – e, repito, uma oportunidade que se perde na maioria das escolas, até mesmo aquelas com ênfase na formação de caráter.) Por que, afinal de contas, você e seus colegas estudantes estão aqui?

Cada parte do currículo deveria ser ensinada com a questão *Por quê?* em primeiro plano. Finn e Ravitch acreditam que as humanidades ajustam-se bem a isso ("História e literatura também dão aos estudantes [...] a capacidade de questionar tanto 'por quê?' como 'por que não?'").[12] Mas descobri em meu trabalho que a instrução nas ciências "duras" também oferece o contexto vívido para que questões sejam levantadas; e, como benefício extra, essas questões incitam o interesse dos estudantes sobre algum ponto obscuro da disciplina por adicionar empolgação ao material. Há alguns anos, tive a oportunidade de testar essa ideia durante um curso escolar de férias para crianças superdotadas. Debatemos as recentes pesquisas em microbiologia e questões éticas foram levantadas, como os interesses da sociedade em relação à clonagem. Os estudantes dedicaram-se às difíceis lições de ciências com entusiasmo, motivados, pelo menos em parte, por uma melhor compreensão das enormes questões morais envolvidas no tema.

Se as escolas quiserem cumprir seu papel de preparar os estudantes para "participar por inteiro da sociedade", devem também ensiná-los a se engajar em suas comunidades como cidadãos ativos, e também a atuar em uma democracia. Sobre a primeira questão – envolvimento com a comunidade –, as escolas americanas têm feito um trabalho razoavelmente bom na última década, induzindo com sucesso os estudantes a participar de serviços comunitários. Um estudo mostrou que mais de 50% dos alunos do ensino médio prestam serviços comunitários ao menos uma vez por mês, e mais de 25% o fazem semanalmente.[13] Mas podemos fazer muito mais no terreno do engajamento cívico.

Em particular, o conhecimento e o interesse político entre a juventude de hoje é tão baixo que devemos nos preocupar com o futuro de nossa democracia. O problema não pode ser reduzido aos padrões de voto; na verdade, nas eleições de 2008, o voto jovem aumentou de 48% (dados de 2004) para 52%*. Ainda assim, quase metade da população entre 18 e 24 anos deixou de participar dessa eleição tão decisiva. O fato é que a vida cívica (trabalhar para o diretório regional do partido, comparecer a reuniões do bairro, participar de comitês cívicos) desapareceu de tal maneira da mente dos jovens adultos que mal é citada em

---

* Nos Estados Unidos, o voto não é obrigatório. [N. T.]

pesquisas sobre como a juventude utiliza seu tempo.[14] Vimos que estudos mostraram que a maioria dos jovens tem pouca admiração pelos líderes cívicos e políticos e não se veem exercendo qualquer papel no governo. Em todas as pesquisas que conheço, os adolescentes e jovens adultos expressam mais drasticamente seu baixo grau de espírito cívico do que qualquer outra faixa etária. Por exemplo, em uma pesquisa conduzida pela American Association of Retired Persons (AARP) [Associação Americana de Aposentados] e divulgada em julho de 2006, 74% de adultos acima de 50 anos de idade identificaram-se como altamente patriotas, em contraste com apenas 34% de jovens entre 18 e 34 anos.[15] Cientistas sociais estimam que nunca houve outra época, em toda a história americana, em que uma parcela tão pequena de jovens entre 20 e 30 anos buscou ou aceitou papéis de liderança em organizações governamentais ou cívicas.

O jovem de hoje não acredita que possa fazer diferença, e também não pensa muito sobre o tipo de diferença que gostaria de fazer se pudesse. De fato, muitos deles conhecem tão pouco sobre o sistema político que nem saberiam por onde começar.

Anne Colby e seus colegas na Carnegie Foundation for Advancement of Teaching estudaram esse problema em nível universitário. A Carnegie verificou que os estudantes universitários são muito mais propensos a participar de serviços comunitários do que de atividades políticas. Sem dúvida, esse é um resultado da situação descrita anteriormente: as escolas públicas têm obtido sucesso em estimular o envolvimento com as comunidades, mas não fazem muito para educar os estudantes para o entendimento político e a cidadania ativa na sociedade democrática. Como não sabem de que forma podem participar, os estudantes tendem a duvidar de que poderiam alcançar qualquer coisa que valesse a pena na esfera política. O estudo da Carnegie descobriu que os alunos fazem declarações do tipo: "Não vemos relevância da política em nossa vida", e "Não confiamos em políticos nem no processo político".[16]

Mas Colby e seus colegas também descobriram que o tipo certo de cursos e de programas universitários pode mudar essa atitude e transmitir o conhecimento que os estudantes necessitam para fazer julgamentos políticos de peso. Quando lhes são oferecidos cursos e atividades extracurriculares que revelam como a democracia realmente funciona, os estudantes adquirem o conhecimento e a motivação necessários para participar. E não é só isso: aqueles que mostram o mínimo interesse inicialmente são os que mais se beneficiam. O grupo da Carnegie recomenda que as escolas de ensino médio e as faculdades prestem tanta atenção na divulgação do engajamento político quanto no encorajamento ao serviço comunitário. Embora essa pesquisa concentre-se no ensino superior, as recomendações do grupo são ainda mais pertinentes quanto à educação do ensino médio, quando se dá o início da compreensão e as atitudes sobre engajamento político.

MODELOS POSITIVOS NA ESFERA PÚBLICA

O tipo certo de oportunidades na escola deve ser reforçado por exemplos positivos fora dela. Os jovens estão sempre observando os adultos em busca de dicas sobre o que vale a pena buscar e qual a melhor maneira de fazê-lo. Se os adultos tendem a ser cínicos e egoístas, certamente as crianças tomarão essa atitude como uma dica. Infelizmente, vivemos em uma época em que muitos funcionários públicos têm fornecido péssimos exemplos. A ideia de que eles devam servir de modelos admiráveis para os jovens foi descartada nos últimos tempos por comentaristas políticos. Depois de mais um dos aparentemente intermináveis escândalos dos últimos anos, um proeminente analista ofereceu na web a seguinte opinião acerca de políticos e funcionários do governo: "A noção que se tem deles é: se não são corruptos, têm o 'rabo preso'. A ideia de que sejam líderes morais é idiotice".[17] E uma colunista do *New York Times* observou que deseja líderes que façam aprovar boas leis e tomem decisões sensatas. Num tom de resignação bem atual ela escreveu: "Não empregamos ou elegemos funcionários para moldar o caráter de nossos filhos".[18]

Se essa é a percepção predominante de nossos líderes na atualidade, e se nos resignamos com a ideia de que eles podem simbolizar um comportamento antiético, é de admirar que os estudantes não encontrem inspiração na maioria dos políticos? É verdade que não "empregamos" líderes políticos em primeiro lugar para formar o caráter das crianças; contudo, ainda temos o direito de esperar que agir como modelo de honradez devesse ser parte necessária dos requisitos de um líder cívico. Liderança política, afinal de contas, não é uma simples questão de executar certas tarefas e serviços: pelo menos tão importante quanto isso é o espírito público que o líder promove, e está muito longe de ser "idiotice" esperar que nossos líderes promovam um espírito público moral. Não há dúvida de que os jovens observam sagazmente aqueles que têm status e poder, e que suas atitudes e seu comportamento são fortemente influenciados pelo que veem".[19]

Ajudando a compor o problema, a mídia sempre sensacionaliza o comportamento escandaloso dos líderes políticos, em vez de noticiá-lo de maneira responsável. A ética de "peguei você no flagra!" do jornalismo atual pode ou não aumentar a venda dos jornais: há dúvida quanto a isso nesse ramo, especialmente quando se percebe que a tiragem tem diminuído. Mas não há dúvida de que essa maneira de noticiar conduz ao que um crítico da mídia chamou de "espiral de cinismo" sobre o engajamento político que se espalhou pela sociedade. De novo, é o jovem que está formando suas primeiras impressões do mundo social, e aqueles que o governam são os mais visados.

E não é só isso: o problema extrapola a esfera política. A mídia quase sempre descreve o mundo dos negócios como nada mais do que um exercício egoísta de cobiça, conduzido de maneira implacável e corrupta, enquanto seus líderes se dão bem. Na televisão e no cinema, os empresários são sempre caracterizados como avarentos, desonestos ou vilões. Um estudo de como a televisão os apresenta descobriu que "a maioria dos diretores executivos retratados no horário nobre cometeram vilanias", e que Hollywood geralmente os mostra com muito mais desprezo do que admiração.[20] Em outros setores da sociedade, as histórias que a mídia exibe normalmente destacam as "escorregadas" das estrelas do esporte e do cinema e outros ícones culturais proeminentes – embora, ao mesmo tempo, a mídia glamourize essas mesmas celebridades, passando uma mensagem verdadeiramente dúbia aos jovens.

Nada disso desempenha papel positivo na busca do jovem: na verdade, ao procurar modelos positivos, hoje em dia ele deveria manter os olhos longe dos veículos de comunicação de massa. Em uma sociedade democrática, é importante que os membros da mídia façam seu serviço e noticiem tudo que o público precisa saber para tomar decisões corretas. Repórteres que escrevem sobre acontecimentos públicos de forma honesta e corajosa tornam-se, eles próprios, modelos positivos de cidadania para o jovem. Mas quando a balança se desequilibra da investigação vigorosa para o sensacionalismo interesseiro, o jovem enxerga através disso e para de levar a reportagem a sério. Isso não só cria cinismo como também o persuade de que pode encontrar poucos, se é que encontra algum, modelos positivos na esfera pública.

Se o jovem aspira a se tornar um cidadão atuante na mais completa acepção do termo, as figuras públicas que observa devem emanar a noção de projeto vital e não agir em interesse próprio. O mesmo padrão aplica-se aos líderes de qualquer cargo público. Isso não pode, é lógico, ser regulado além dos padrões legais básicos (que, mesmo que fossem menores do que os padrões referidos aqui, ainda assim encontrariam dificuldades para ser obedecidos). Comportamento público admirável deve se tornar uma questão de consciência pessoal. As figuras públicas precisam compreender e aceitar sua responsabilidade em transmitir exemplos positivos, além de reconhecer a influência que suas ações têm sobre a geração mais jovem, que sempre estará de olho nelas. E devem, por conseguinte, adequar seu discurso e sua conduta.[21] Também precisam se esforçar para transmitir sua noção pessoal de projeto vital, respondendo com clareza e honestidade às questões sobre os objetivos que estejam tentando alcançar. Se as matérias que aparecem na internet, na imprensa, no rádio e na TV sobre pessoas influentes – em vez de concentrar-se em seus passos em falso e pecadilhos – fossem voltadas para o que importa a elas e por quê, o véu do cinismo que obstrui a visão do jovem acerca do que significa ser um cidadão em uma sociedade democrática começaria a ser levantado.

ULTRAPASSANDO A CULTURA IMEDIATISTA
PARA CHEGAR À CULTURA DE PROJETOS VITAIS NOBRES

Em muitos sentidos, este livro tratou de intenções benignas, ainda que limitadas e equivocadas. Nossos esforços para empurrar as crianças em direção ao sucesso fracassaram em garantir a elas felicidade genuína porque enfatizamos indicadores de sucesso superficiais e transitórios, em vez de privilegiarmos objetivos duradouros e gratificantes. Nossos esforços para proteger as crianças dos perigos reais e imaginários do cotidiano limitaram seus horizontes e restringiram seu acesso a habilidades que lhes serão necessárias quando tiverem de enfrentar o mundo real. Nossos esforços para obrigar que as escolas "produzam" excelentes resultados em testes padronizados roubaram delas a capacidade de inspirar uma visão mais ampla de mundo e uma forte motivação para aprender, o tipo de visão e de motivação que os estudantes precisarão durante muito tempo depois que tiverem terminado seus anos de escola. Essa abordagem limitada tem sabotado qualquer objetivo mais elevado que possamos ter para as crianças. Economicamente, isso as prepara muito mal para o mundo globalizado que define a época delas. Psicologicamente, semeia pessimismo, incerteza e falta de confiança em si. Moralmente, abre a porta para uma visão de mundo egoísta e cínica, baseada em pouco mais do que ambição materialista. Socialmente, engendra desengajamento cívico e mina a cidadania. Em longo prazo, nem a criança individualmente nem a sociedade em geral saem vencedoras.

Ainda assim, em todos os lugares e épocas, inclusive a nossa, existem muitos jovens que progridem com projetos vitais. Encontram seu caminho rumo à realização e à felicidade, frequentemente orientados por adultos que lhes apresentam projetos vitais inspiradores. Se, por um lado, este livro faz um alerta sobre jovens que se encontram à deriva ou desencorajados, por outro, também oferece esperança descrevendo jovens que batalham para realizar todo seu potencial. A população jovem de hoje é bastante diversa: alguns estão progredindo com projetos vitais; alguns parecem não dar a mínima para isso; uns poucos (os profundamente perturbados) dedicam-se a fins destrutivos; e a maior parte deles (a maioria dos jovens em nosso estudo) está praticando ou imaginando atividades que podem levá-los a um projeto vital, mas estão tendo dificuldade em se comprometer realmente com elas.

As implicações aqui devem estar claras para o leitor deste livro. Os jovens que tiverem se iniciado como superficiais em atividades que têm o potencial de fornecer-lhes projeto vital podem ser encorajados a pensar mais em como essas atividades podem contribuir para o mundo e como podem dar um sentido a sua vida. Os que estão sonhando com grandes possibilidades podem ser ajudados a concentrar-se nas conquistas que de fato podem atingir, e ensinados a traçar planos realistas para alcançar seus objetivos. Aos jovens que expressam pouco interesse em qualquer coisa, a não ser eles próprios, pode-se mostrar as recompensas do compromisso e os perigos do desengajamento. Os que estão confusos ou dedicados a objetivos antissociais podem ser engajados em relacionamentos de cuidado moral, que lhes transmitam uma noção clara de certo e errado. Assim, cada criança pode ser orientada para opções que as conduzirão a uma vida de projetos vitais nobres.

Por último, todos os jovens devem fazer suas próprias escolhas: ninguém pode fazer isso por eles. Mas podemos ajudá-los a ser capazes de fazer boas escolhas que lhes proporcionem uma sensação de bem-estar que dure por toda a vida. Podemos oferecer possibilidades que incendeiem sua imaginação, orientação que encoraje suas aspirações mais elevadas, apoio que os ajude a realizar suas aspirações e uma atmosfera cultural que os inspire, em vez de lhes baixar o moral. Não há jovem que não se beneficie desse tipo de atenção. Existem muitos caminhos em direção a projetos vitais, que estão à disposição de qualquer um; ao ajudarmos os jovens a encontrá-los, asseguramos um futuro auspicioso para toda a sociedade.

NOTAS

1 MANN, Thomas. *The magic mountain*. Nova York: Everyman's Library/Knopf, 1995 (tradução original para o inglês de John E. Woods, 1924). [Em português: *A montanha mágica*. Rio de Janeiro: Nova Fronteira, 2006.]

2 ELDER, Glen. *Children of the Great Depression*. Chicago: University of Chicago Press, 1975.

3 Para mais discussões sobre como pessoas exemplares podem influenciar os outros a transformar uma vida de dificuldades em propósito moral, veja COLBY, Anne; DAMON, William. *Some do care: contemporary lives of moral commitment*. Nova York: Free Press, 1992.

4 DAMON, William. *The youth charter: how communities can work together to raise standards for all our children*. Nova York: Free Press, 1997.

5 LERNER, Richard. *The good teen*. Nova York: Random House, 2007.

6 NRP, *All things considered*, 30 ago. 2007. A proibição dos trepa-trepas e do jogo de queimada teve a intenção de prevenir danos físicos. Aparentemente, a proibição do pega-pega aconteceu para evitar a possibilidade de assédio (entre estudantes do primário!), um fenômeno que merece uma análise crítica própria em outra oportunidade.

7 HARTER, S. "The self". In: DAMON, William; LERNER, Richard (orgs.). *Handbook of child psychology*, 6. ed. Nova York: John Wily, 2006.

8 Veja DAMON, William. *Greater expectations: overcoming the culture of indulgence in our homes and schools*. Nova York: Free Press, 1996.

9 Para outras palavras valiosas de sabedoria sobre orientação de jovens, veja SHRIVER, Maria. *And one more thing before you go*. Nova York: Free Press, 2005.

10 FINN JR., Chester E.; RAVITCH, Diane. "Not by geeks alone", *Wall Street Journal*, 8 ago. 2007, p. 13.

11 Ibidem.

12 Ibidem.

13 Youniss, James; Yates, Miranda. *Community service and social responsibility in youth*. Chicago: University of Chicago Press, 1997.

14 Damon, William. "To not fade away: restoring civil identity among the young". In: Ravitch, D.; Viteritti, J. (orgs.). *Making good citizens: education and civil society*. New Haven: Yale University Press, 2001, p. 122-41.

15 "How patriotic are we?". *AARP Bulletin*, v. 47, n. 7, jul.-ago. 2006, p. 3.

16 Colby, Anne et al. *Educating for democracy: preparing undergraduates for responsible political engagement*. San Francisco: Jossey-Bass, 2007.

17 Jeff Jarvis, professor de jornalismo e comentarista político na internet. Citado em Goodnough, A. "Oh everyone knows that except you", *New York Times*, 2 set. 2007, p. D1.

18 Collins, Gail. "Men's room chronicles", *New York Times*, 30 ago. 2007, p. 24.

19 A psicologia do desenvolvimento há muito reconheceu que o jovem imita pessoas que têm status. Veja Damon, William. *Social and personality development: infancy through adolescence*. Nova York: W. W. Norton, 1983.

20 Medved, Michael. *Hollywood vs. America: popular culture and the war on traditional values*. Nova York: Free Press, 1994.

21 Isso não é uma utopia. Já tive diversas experiências gratificantes conduzindo discussões com grupos de figuras públicas (inclusive empresários e esportistas) sobre sua responsabilidade de ser pessoas admiráveis para os jovens. Às vezes, especialmente no caso das estrelas do esporte, eles não haviam se dado conta da extensão de sua influência. Mas, quando isso começou a ficar claro para eles, testemunhei sua boa vontade, até mesmo sua ânsia de comportar-se à altura. A maioria dos adultos realmente deseja fazer o que é certo perante a geração mais nova.

Apêndice: questionário da pesquisa sobre projetos vitais na juventude[*]

NOTA DO AUTOR: Este é o questionário que usamos para entrevistar jovens para a pesquisa sobre projetos vitais da juventude ("Youth's Purpose"). Tais perguntas podem ser interessantes como pontos de partida para desencadear conversas que ajudem a identificar os interesses dos jovens e a orientá-los.

I. INTRODUÇÃO

a. Fale-me um pouco de você. Que tipo de pessoa você é?

b. Quais são as coisas com as quais você realmente se importa? Por que você se importa com elas?

c. O que é mais importante para você na vida? Por que isso é importante para você?

d. Você tem algum objetivo de longo prazo? Quais são os mais importantes? Por que esses objetivos são importantes para você?
   Se não, Isso é interessante, por que você prefere não ter objetivos?/ O que significa para você não ter objetivos?

---

[*] Esse é o formato de entrevista que nossa equipe de pesquisadores usou na fase inicial dos estudos (2003-2006) discutidos neste livro. Revisamos e atualizamos a entrevista para estudos subsequentes que estamos conduzindo atualmente. Também desenvolvemos um método de pesquisa para avaliar uma amostra maior de jovens. Os pesquisadores que estiverem interessados em obter detalhes de nossos atuais métodos podem solicitá-los por e-mail para Lisa Staton (staton@stanford.edu). [N. A.]

Se sim, Você está fazendo alguma coisa agora para alcançar tais objetivos? *Se sim*, O que você está fazendo? *Se não*, O que o está impedindo de fazer algo para alcançar esses objetivos?

e. O que significa para você ter uma vida boa?

f. O que significa para você ser uma boa pessoa?

g. No que você diria que emprega mais a sua energia hoje em dia?

h. Num retrospecto de sua vida, como você gostaria de ser lembrado? Por quê?

II. INSPIRAÇÃO DE PROJETO VITAL/EXPERIÊNCIAS FORMATIVAS

a. Antes, você falou que [X] é importante para você. Você pode me dizer como e por que isso se tornou importante? Quando foi que isso se tornou importante para você?

b. Por que você se envolveu com esse objetivo ou causa particular em vez de outra coisa?

c. Houve alguém que o ajudou com seu(s) objetivo(s) no início?

d. Você diria que seus amigos e familiares estão preocupados com as mesmas coisas? Seus amigos, família e outras pessoas da sua vida geralmente apoiam ou são contra os seus esforços?

e. Você conseguiu que outras pessoas se envolvessem em seus esforços? *Se sim*, como você conseguiu isso?

f. Afora as pessoas, houve outras coisas que influenciaram você (livros, filmes, experiências pessoais etc.)?

III. OPORTUNIDADES E APOIO PARA A CONTINUIDADE DO PROJETO VITAL

a. Você admira alguém?

b. Você tem um mentor? Há qualidades nesse mentor ou em outras pessoas que você admire?

· O QUE O JOVEM QUER DA VIDA? ·

IV. OBSTÁCULOS, PRESSÕES E RECOMPENSAS

a. Tem sido difícil para você permanecer dedicado a esse objetivo? Será difícil para você continuar comprometido com ele ao longo do caminho?

b. (*Se respondeu sim ao item a*) Quais foram os obstáculos? Como você os superou?

V. OBJETIVOS FUTUROS E RESPONSABILIDADES

a. Você tem qualidades que o ajudaram a atingir objetivos que são importantes para você? Você tem qualidades que o atrapalharam?

b. Imagine-se aos, digamos, 40 anos de idade. O que você estará fazendo? Quem estará na sua vida? O que será importante para você? O que estará acontecendo na área que lhe interessa?

c. Quais são os seus planos para o futuro imediato, digamos, os próximos anos?

VI. CATEGORIAS DO PROJETO VITAL

a. Fale-me de seus amigos e de sua família.

b. Que importância eles têm para você em relação a outras coisas em sua vida? Por quê?

c. Você deseja constituir sua própria família um dia? Por quê? Até que ponto isso é importante para você? Por quê?

d. Você faz alguma coisa especial para mostrar à sua família ou amigos que eles são importantes para você? *Se sim*, O que você faz? Por quê?

e. Que papel a religião, a fé, a espiritualidade ou Deus representam em sua vida, se representarem? Frequenta alguma igreja ou religião organizada? Que tipo de coisas você faz lá?

f. Sua comunidade é importante para você? Que papel ela representa em sua vida? Você faz alguma coisa para ajudar a melhorar a sua comunidade? Você faz algum serviço comunitário? *Se sim, O que você faz? Por que você faz isso?*

g. Você é um cidadão? O que significa para você ser um cidadão? É importante para você ser um cidadão? Por que sim ou por que não?

h. Quando ficar mais velho, que tipo de trabalho você gostaria de fazer? Por quê? Até que ponto ele será importante? Por quê? Você está fazendo alguma coisa agora para se preparar para a sua carreira ou trabalho?

VII. FINALIZANDO

a. Estamos chegando ao fim de nossa entrevista; há alguma coisa que gostaria de acrescentar sobre o que é importante para você ou o que está tentando conseguir na vida?

b. Resumindo, o que você acha que importa mais para você agora? Isso ainda importará para você quando for mais velho? Por quê?/Por que não?

www.gruposummus.com.br